日本はなぜ開戦に踏み切ったか

「両論併記」と「非決定」

森山　優

新潮選書

はじめに

一九四一（昭和一六）年一二月八日午前一時三〇分（日本時間）、日本軍はイギリス領マレーのコタバルに上陸を開始。その約二時間後、日本海軍の機動部隊はハワイ真珠湾のアメリカ太平洋艦隊に対して奇襲攻撃を敢行した。三年八ヶ月に及ぶ対米英蘭（オランダ）戦争の始まりである。

日本軍は一気呵成にフィリピン、マレー、ビルマ等の米英蘭のアジア植民地を席巻し、ちょうど三ヶ月後の三月九日には、当初の目標であった蘭印（オランダ領東インド。現インドネシア）の資源地帯の占領を完了した。しかし、開戦から三年八ヶ月後の一九四五（昭和二〇）年八月一五日、日本政府は国民に対して連合国のポツダム宣言を受諾する旨を告げた。日本の国土は言うに及ばず、戦争に巻き込まれたアジア諸地域の損害も甚大であった。この大戦争は、日本の惨敗に終わったのである。

敗戦後、日本を占領した連合国は極東国際軍事裁判（東京裁判）を開廷し、この戦争は一九二八年の張作霖爆殺事件に始まる一貫した侵略戦争と判決した。訴追された東条英機（元首相。在任一九四一年一〇月一八日～一九四四年七月二二日。陸軍大将）ら日本の指導者たちは、共同謀議により戦争を計画・遂行したとされ、東条ら七名の被告が死刑に処せられたのである。

現在も、この戦争は侵略戦争として断罪されている。四文字で表現せよというなら、こう書くしかないだろう。理由はどうであれ、他国の領土に武力で侵攻し、多大な損害を与えたことは、紛れもない事実だからである。結果責任を問われるのは当然である。

しかし、東京裁判の過程で浮かび上がってきたのは、判決が指摘した一貫性よりも、リーダーシップ不在のまま状況に流されていく当時の指導者たちの姿だった。結果の重大さと、過程の空虚さ、このギャップをどのように理解したらいいのだろうか。

さらに、戦争が未曾有の規模だったこともあり、その性格はきわめて複雑である。一つの側面にのみ光をあてて議論すれば、直ちに他の側面からの反論をもたらす。戦争の全体像を把握するのは、その巨大さ故に、きわめて困難である。

そのため、本書では、この複雑な戦争を理解する手がかりとして、戦争が誰によって、どのような政治過程を経て決定されたかという問題に絞り、さまざまな角度から検討したい。自分の拙い作業が、あの戦争を理解する一助になれば幸いである。

日本はなぜ開戦に踏み切ったか——「両論併記」と「非決定」＊目次

はじめに　3

地図・クラップス

日本はなぜ開戦に踏み切ったか

――「両論併記」と「非決定」

第一章　日本の政策決定システム

戦前の日本では、政策決定は「誰が」「どのように」行なっていたのだろうか。この時代の政治を語る象徴的な言葉として、まず想起されるのは「狂信的な「軍部」の横暴」であろう。敗戦後、陸海軍を糾弾する言説が巷に溢れたが、「軍部」なるものの実態は明らかにならなかった。それは、日本を悲惨な戦争に引き込んだ「悪」として表象され、学術的・客観的な研究の対象とされるまでに、長い時間を必要としたのである。

戦争の責を「軍部」に負わせることは、それ以外の政治勢力の責任から目を逸らせることと裏腹であった。西ドイツでは、東西冷戦の影響下でナチスにユダヤ人虐殺の責任を押し付けることで軍を免責する「国防軍潔白神話」が構築された（守屋純『国防軍潔白神話の生成』錦正社 09年）。日本でも、敗戦直後に多くの人々が「軍部」なるものを罵ることで、あたかも自分が被害者であったかのようにふるまったのである。日本の場合、一億総懺悔という責任解除の儀礼的言説が弄ばれたが、「軍部」の糾弾は他の多くの政策担当者の責任を曖昧にさせる機能を持ったことは明らかだった。

たとえば、免責された最大の存在は、昭和天皇である。明治憲法で統治権の総攬《そうらん》者と規定されていた天皇は、陸海軍を統帥する大元帥でもあった。天皇は、政治的・軍事的に頂点に立っていたが、明治憲法によって「神聖不可侵」と規定されており、法的には無答責つまり責任を負わない存在だった。しかし、道義的な責任については敗戦時から認識されており、一部には退位の必要性が語られていた。結局、天皇が責任を問われなかったのは、東京裁判の過程でその罪を一身に背負おうとした東条元首相と、統治にあたって天皇の有用性を認識した占領軍との「共同謀議」が成立したからと言えよう。「戦争責任」の問題はさておき、天皇は開戦決定にあたって、どのような影響力を行使したのか。この問題については、充分な考察がなされているとはいえない。

また、戦後に存続を許されなかった組織のなかでも、海軍は特別視されることになった。戦前から、陸軍の政治への介入が目立てば目立つほど、政治に口出ししないサイレント・ネーヴィーの株があがる傾向があった。この図式は、陸軍悪玉・海軍善玉論に形を変えて戦後に継承されて行ったのである。

しかし、アメリカを仮想敵国に設定し、対米戦を組織的利害《セクショナル・インタレスト》としていたのは、紛れもなく海軍であった（大陸政策をその存在基盤としていた陸軍の仮想敵国は、一貫してソ連だった）。海軍がやると言わなければ、対米戦は起こりようがなかったのである。それでは、なぜ「善玉」の海軍が「無謀な」戦争に踏み切ったのだろうか。

これらの疑問を解くには、当時の政策決定システムがどのように運用されていたのかを、正確に認識する必要がある。そこで、いわゆる明治憲法体制と呼ばれる、当時の政治の構造に話を進めよう。

明治憲法と日本国憲法の相違点

われわれは中学や高校の社会の授業で、大日本帝国憲法（明治憲法）について学ぶ。

そこでは、ややもすれば日本国憲法と比較する形で、その特徴を指摘される傾向がある。読者の方々の頭の片隅には、主権者は国民ではなく天皇だったとか、現行の憲法よりも議会の権限が弱かったとか、軍が特権によって守られた強固な存在だった、などという知識が残っているかと思われる。そもそも、このような比較は、日本国憲法の民主性を強調するために行なわれているようなものである。とかくネガティヴな側面が強調されるのも当然だろう。しかし、当時の政治がどのように機能していたかを、具体的なケースで教えられる機会は少ないのではないだろうか。まずは、おおざっぱな見取り図で考えてみよう。

17ページの図1が現行の、図2が当時の政治システムの概念図である。現行の制度では総理大臣が閣僚任免権を持っている。このため、閣内対立が生じても首相は大臣の首を挿《す》げ替えることで自己の意志を閣内に貫徹することができる。自衛隊に対する指揮権も首相にある（文民統制）。形式的には総理大臣に行政の権限が集中されている体制が、日本国憲法における政治システムに他ならない。

しかも、首相は議会の指名により選ばれ（議院内閣制）、その議会は主権者である国民の選挙で選ばれた議員によって構成される。つまり、首相の権力基盤が議会にあるため、直接選挙で選ばれる場合（アメリカ大統領等）に比較して議会運営が容易であるともいえる。そして、象徴である天皇は、わずかな国事行為以外は政治にタッチしない。

かたや明治憲法下の体制は、これと全く異なるシステムであり、運営する人間たちに大きく依存していた。そもそも、明治憲法には、首相の選び方も記されていない。いわば、憲法に規定されていないパーソナルな存在（成立当初は明治維新を実行した者たち。後に元勲・元老として、首相指名も含め、さまざまな影響力を行使した）があって、初めて機能する制度だったのである。

明治憲法体制において、天皇は統治権の総攬者かつ軍の大元帥という絶対的な立場にあったが、同時に責任を負わないことにもなっていた（天皇無答責）。政治的選択には、必ず結果責任がつきまとう。それを担ったのが内閣や統帥部（陸軍は参謀本部、海軍は軍令部）や、それ以外の超憲法機関（枢密院など）だったのである。

問題は、図2のように、これらがピラミッド型の上下関係ではなく、それぞれの組織が天皇に直結して補佐するようになっていたことである。たとえば、戦争指導については大元帥である天皇に直属している統帥部が輔翼《ほよく》（「輔」も「翼」も助けるの意味）し、内閣は軍政事項（軍の行政事務。軍の規模や、それを支える予算措置など）を除いてこれにタッチできなかった。

閣内の構造も不安定であった。首相と他の国務大臣も指揮命令の関係ではなく、横並びにそれぞれが天皇に直結していた。閣僚は、各々が臣として天皇を直接に輔弼《ほひつ》（「弼」も助けるの意味）する（輔弼と輔翼の違いは、当時も明らかではなかった）。首相には閣僚の任免権がないため、

図1　現行憲法における政治システム（概念図）

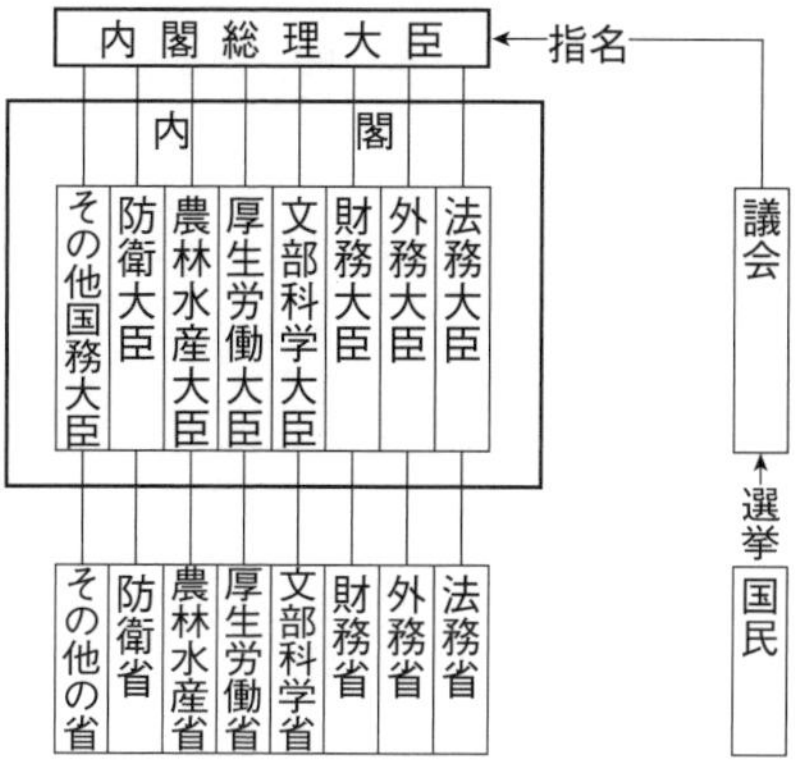

図2　明治憲法体制における政治システム（概念図）

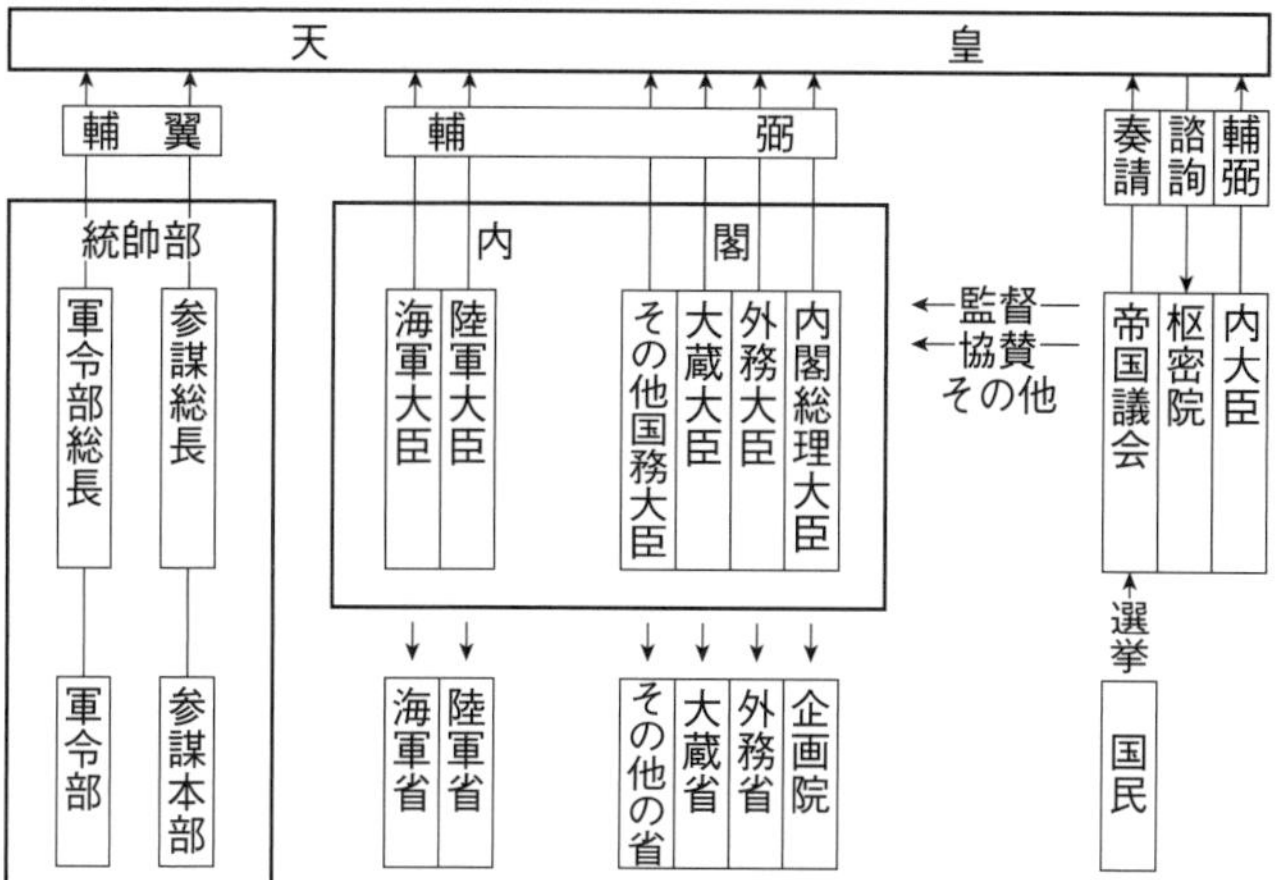

※各省は天皇に直隷。国務大臣は天皇の委任の下、
行政長官として各省を指揮監督する

首相と閣僚が対立しても首相はその閣僚を辞めさせることが出来ず、その統合力には限界があった。最悪の場合、閣内対立は内閣総辞職を導いた。

なかでも厄介なのは軍であった。一九三六年、二・二六事件（岡田啓介首相らを陸軍の青年将校に指揮された反乱軍が襲った）の後始末のため、軍部大臣を現役の軍人に限定する軍部大臣現役武官制が復活する。当初の目的は事件に関係した皇道派の将官（青年将校を煽った責を問われて予備役に編入されていた）の復活を阻止するためであったが、現役の軍人しか陸海軍の大臣に就任できないという縛りは、軍の影響力を強化することとなった（もっとも、この制度が廃止されていた一九一三年からずっと、予備役や文官の大臣が就任したことは一度もなかったが）。この制度が露骨に悪用されたのは、陸軍による米内《よない》光政内閣の倒閣（一九四〇年七月）であった。陸軍は畑俊六陸相を辞職させ、後任を出さないことで米内内閣を総辞職に追い込んだのである。陸軍にとって、軍部大臣現役武官制は、内閣に揺さぶりをかけることができる切札となったのだ。

国務と統帥の分裂

また、陸海軍はそれぞれ一つの組織だったが、軍政事項を担当する省と、軍令事項（作戦・命令）を司る統帥部の二本立てであった。

軍は軍政の側面では大臣を閣内に置いているが、統帥部は先述のように独立しており、天皇と直結して輔翼していた。軍政と軍令の関係は後述するが、一九三〇年のロンドン海軍軍縮条約が統帥権干犯問題として政治問題化したことをきっかけに、統帥権の独立という言葉が一人歩きを始め、その権限が強まって行く。日中戦争の全面化は、この傾向に拍車をかけた。統帥部が「統帥権」をタテに、政府に対して作戦の詳細の説明を拒否する事態も、しばしば起こった。

そもそも、政治・外交（国務）、そして軍事（統帥）は、統一・調和してこそ国力を最大限に発揮することができる。政治のコントロールに服さない統帥部の行動は政府の悩みの種となり、満州事変や日中戦争の過程で日本の国際的信用を大いに失墜させた。明治憲法体制は、このような政治的統合力の脆弱さという弱点を、制度的に内包していたのである。そして、最高権力者の天皇は基本的には立憲主義的にふるまっており、政治的統合の中心となることを避けていた。政府が統帥部と一致して政策の裁可を天皇にあおぐ場合には、そのまま認められるのが通例であった。

行き詰まりと混迷

構造的な欠陥を持っていた明治憲法体制ではあったが、維新の激動をくぐり抜けた者たちが現役で働いていた時代には、その欠陥は問題とならなかった。そして、時代を経て彼らが政治の表舞台から退場して行くに連れ、さまざまな勢力が政治的統合の役割を担っていくこととなる。元勲が元老となり、山県閥（明治維新の元勲山県有朋を中心とする官僚のつながり）が生まれ、一九二〇年代には政党が台頭した。

問題は、一九三〇年代に入って政党が政治的統合力を喪失して行ったものの、それに代位する存在が出てこなかったことである。このため、総理大臣経験者を重臣として遇し、折に触れて諮問するというやり方を始めてみたものの、その統合力は元老に比較するまでもなかった（二・二六事件直後に組閣された広田弘毅内閣以降、近衛文麿内閣を除く五つの内閣は、全て一年を経ずして総辞職している。そもそも彼らは首相として求心力を発揮できなかったから退陣したのであり、そのような重臣を何人集めても、何か期待する方が無理であろう）。また、陸軍が影響力を強めた結果、軍出身者が組閣したケースは多々あったが、陸軍自身はなぜか権力の中心を占めることを回避していた。林銑十郎《せんじゅうろう》内閣（一九三七年二月〜六月）や阿部信行内閣（一九三九年八月末〜四〇年一月）のように、陸軍出身の首相だろうと、統合力を発揮できなければ、古巣の陸軍からもあっさり見限られたのである。

この結果、日本の政治権力の中心は空っぽになってしまった。建前では、権力の中心は天皇の筈だったが、そもそも天皇は責任を負わないのである。むしろ当然の帰結でもあった。

打開への模索

もちろん、この問題は当時から認識されていて、さまざまな試みが実行に移された。第一次近衛内閣（一九三七年六月成立）では、大本営政府連絡会議（以下、連絡会議とする）が設置された。これは、政治と戦略の統合・調整（政戦両略の一致）が目的だった。しかし、一九三八年の「国民政府を対手とせず」声明問題で参謀本部が政府側（近衛や米内海相）に押し切られて以降（このときは、一般的に思われている印象に反し、参謀本部が国民政府との交渉継続を主張した）、会議は二年以上途絶していた。政府に抑え込まれることをおそれた参謀本部が、開催に反対したからである。このことは、政府が統帥部に対して、連絡会議という場で指導力を発揮できたことの裏返しでもあった。閣内では重要案件に関する四相会議（首・陸・海・外）や五相会議（通常、首・陸・海・外・蔵）がしばしば開催されたが、統帥部との協議を定期的におこなう制度は存在しないまま、政府は泥沼化した日中戦争に対処しなければならなかったのである。

五摂家の一つ近衛家の当主という家柄に加え、無類の聞き上手でもあった近衛は、国民的な人気を誇っていた。彼は、その人気をバックに、このような状況を打開しようと、第二次近衛内閣の発足（一九四〇年七月）と軌を一にして、新体制運動を展開した。この運動は、国内的には国民の自発性を喚起して新たな権力核を作る試みであり、対外的には従来の英米との協調路線からドイツ・イタリアに接近する「革新外交」への転換だった。

この流れの中で、国内新体制の中心として構想されたのが大政翼賛会である。政党は新しい政治の流れのキャスティングボートを握るべく、こぞって解散した。政党政治家たちは、意気揚々と大政翼賛会になだれ込んではみたものの、その性格を巡って激烈な議論が展開することになる。

中でも、新体制運動（その対象は政界のみならず、官界、財界をも対象としていた）の「革新」性を警戒した「精神右翼」らの一派は、大政翼賛会を一国一党的な独裁体制をめざすものとして攻撃した。彼らにとってそのような強力な権力核は、天皇と国民の間に割り込む「幕府」であり、天皇親政という日本の原理に対する挑戦であった。また、経済新体制が目指した統制経済の推進は、戦時体制の強化が主眼であったが、彼らには日本の共産化を目指すものと映った。大政翼賛会は「アカ」であるという執拗な攻撃が続けられた。結局、近衛は大政翼賛会を公事結社

（行政補助機関）と位置付けることで対立の深刻化を回避した。国民の自発性をバックとした強力な政治指導組織の構築は、失敗に終わったのである。首相の権限が強い日本国憲法下でも、いざ改革となれば官僚を始めとする利権がらみの抵抗勢力が総論賛成・各論反対で立ちはだかる。近年でも、道路公団改革のように、抜本的な改革案が骨抜きにされて行き、改革がかけ声倒れに終わる例を、我々は目の当たりにしてきた。ましてや、政府のコントロールが及ばない軍官僚が、制度の鎧に守られて組織的利害《セクショナル・インタレスト》を声高に主張するわけである。それでも、当時の政策担当者が漫然と努力を放棄していたわけではない。政戦略の調整に一定の効果を発揮したのが、一九四〇年末から開催された大本営政府連絡懇談会（一九四一年七月二一日より再び大本営政府連絡会議と改称）という形式であった。

大本営政府連絡懇談会・連絡会議

政府と統帥部の関係緊密化の試みとして、この時期から定期的に開催されるようになったのが、大本営政府連絡懇談会（以下、連絡懇談会とする）である。一九四〇年一一月末に第一回の連絡懇談会が首相官邸で開かれて以降、日本の対外政策は実質的にこの連絡懇談会で決定された（後述のように、第三次近衛内閣以降は、開催場所が宮中大本営に移され、名称がふたたび大本営政府連絡会議に変更される）。そして、重要案件はさらに御前会議を開いて権威づけがはかられたのである。

それでは、この連絡懇談会（連絡会議）では、誰が、どのように物事を決めていたのだろうか。

出席者は基本的に、首相、陸・海・外の三相に陸海統帥部の代表（当初は両次長。軍令部総長が皇族（伏見宮博恭《ひろやす》王）だったため、海軍は実質トップの軍令部次長が参加。それに合わせて、陸軍も同格の次長を出席させていたが、すぐに参謀総長が出席するようになる。一九四一年四月に軍令部総長が永野修身《おさみ》（海軍兵学校二八期（海兵28）、一九〇〇年卒）に交代してからは、両軍とも総長が出席した）、陸海軍の軍務局長であり、案件に応じて国務大臣や、関係各省の局長クラスも臨時に顔を出した。第二次近衛内閣の途中から総辞職までと東条内閣からは、統帥部の次長も常に出席するようになる。第四章以下で述べるが、特に塚田攻《おさむ》参謀次長（一九四〇年一一月～。陸軍士官学校一九期（陸士19）、一九〇七年卒）は議論を対米戦へと引きずることになった。

目まぐるしく変更された「国策」

これらの会議で決定されたのが、国家の方針を定めた「国策」であった。これらの決定は閣議決定以上の拘束力を持つとされたものの、そもそも連絡懇談会は法制上の根拠をもたなかった。このため、従来通り閣議決定も必要とされたのである。注目すべきは、閣議決定の際には統帥事項（作戦関係）を削除した文書が採択されたことである。統帥事項を閣僚に知らせると、すぐに外部に漏洩して作戦行動に支障をきたすというのが、削除を主張した陸軍の言い分だった。つまり、法的な基盤を欠く超法規的な調整機関の決定が、閣議を超越して日本の命運を握っていたことになる。

さて、第二次近衛内閣が組閣されて以降、開戦までざっと数えて一〇件以上の「国策」が決定されている（表1）。その半分以上が御前会議を開催して、ふたたび天皇の前で審議・決定されたのである。

表1

近衛内閣・東条内閣期（日米開戦まで）の御前会議と「国策」（抄）			
①	「世界情勢ノ推移ニ伴フ時局処理要綱」	一九四〇年七月二七日	連絡会議決定（上奏）
②	「日独伊三国同盟条約締結ニ関スル件」	一九四〇年九月一九日	第三回御前会議議題
③	「支那事変処理要綱」	一九四〇年一一月一三日	第四回御前会議決定
④	「対仏印、泰施策要綱」	一九四一年一月三〇日	連絡懇談会決定（首相、両総長合同上奏、允裁《いんさい》）
⑤	「対南方施策要綱」	一九四一年六月六日	大本営陸海軍部決定
⑥	「南方施策促進ニ関スル件」	一九四一年六月二五日	連絡懇談会決定（首相、両総長合同上奏、允裁）
⑦	「情勢ノ推移ニ伴フ帝国国策要綱」	一九四一年七月二日	第五回御前会議決定
⑧	「帝国国策遂行要領」	一九四一年九月六日	第六回御前会議決定
⑨	「帝国国策遂行要領」	一九四一年一一月五日	第七回御前会議決定
⑩	「対米英蘭開戦ノ件」	一九四一年一二月一日	第八回御前会議決定

この事実は、直ちに次のような推測に導かれるであろう。まずは、日本が激動する国際情勢に臨機応変に対応しようとしていたこと。そして、これほど目まぐるしく変更された決定に如何ほどの拘束力が存在したのかという、会議の機能に対する疑問も浮かぶ。

たとえば、⑦、一九四一年七月二日に御前会議で決定された「情勢ノ推移ニ伴フ帝国国策要綱」（以下、「帝国国策要綱」とする）は、対英米戦に関する重大な文言が認められた「国策」であった。ここでは、仏印とタイへの進出による南方進出態勢の強化がうたわれたが、そのためには「対英米戦を辞せず」とされていた。日本は、この決定に従って南部仏印に進駐し、英米蘭の対日全面禁輸を招来した。「対英米戦を辞せず」と大見得を切ってまで決定された「帝国国策要綱」だったが、次なる措置を決めた⑧の「帝国国策遂行要領」（九月六日）では、外交交渉と戦争準備を併行して進め（「両論併記」）、開戦の判断は一〇月上旬まで先送り（「非（避）決定」）されていたのである。

ところが、近衛内閣は期限が過ぎても判断をなし得ず、一〇月中旬に崩壊した。そして新たに組閣した東条には「白紙還元の御諚《ごじょう》」が下され、「国策」は反故となった。八月末から一〇月までの間は、国際情勢が激変した時期ではない。つまり、日本はいったん決定されたはずの政策を実行に移すまでの間に、内閣の崩壊と更なる根本的な政策内容の検討を余儀無くされたのである。

このような「国策」とは、いったい何なのだろうか。

このように、「国策」を真面目に検討しようとすると、まずそれが持つ拘束力に疑問を抱かざるを得なくなる。そして、その中身を真剣に読むと、ますます混乱してしまうだろう。「国策」の内容から、当時の政策担当者が何をやろうとしていたのかを汲み取ることは至難の技である。なぜなら、矛盾する内容が一つの「国策」の中に併記してあったり、何とでも解釈できる玉虫色の表現の羅列であったり、実際の行動については具体性を欠いていたりと、奇怪きわまりない文章のオンパレードだからである。一例を示そう。

④「対仏印、泰施策要綱」は、仏印とタイとの政治・軍事・経済的な関係強化をはかるため、場合によっては仏印に対して武力を行使してでも目的を完遂するという強硬な内容であった。

ところが、いつまでに実施するかというと、本文には「成るべく速に」とあるだけである。そして、末尾には「対仏印、泰施策要綱に関する覚」なる文書が添付されており、そこでは「三、四月頃を目標とし外交上最善を尽すべし」と書かれている。さらに、添付された「記録」では「四囲の情勢に鑑み其時期及方法を決定」することとなっている。仏印への要求内容は日本との独占的な政治・軍事的結合関係の構築（具体的には、航空基地・港湾施設の使用、日本軍の駐留に対する便宜等）だったが、これについても末尾の「記録」では「変更することあるべし」となっている。いったい、何が決まったのだろうか。

このような支離滅裂な文章を読むと、これらの「国策」を作成した当時の政策担当者の知性と能力に疑いを持って当然だろう。そして、戦後流布された、視野が狭い馬鹿な軍人が日本を戦争に引きずり込んだというイメージに納得してしまうかもしれない。では、そんなに彼らは愚かだったのだろうか。答えは否である。

「国策」の決定者たち

戦前の軍は、その人材調達において、国民に最も門戸を開放していた組織であった。成績優秀でも経済上の理由から高等学校への進学を諦めざるを得ない階層の子弟の進学先は、陸士（陸軍士官学校）・海兵（海軍兵学校）か、師範学校（小学校教員を養成する）であった。その門戸の広さは、他の政府機関と比較しても歴然としている。そして、軍の人事は徹底した成績主義であった。つまり、最も幅広い階層から優秀な人間を集めて、さらに栄達に向けて組織内で競わせる、きわめて公平な組織が戦前の軍だったのである。

戦後、教育の機会均等が進み、より多くの優秀な人材が霞ヶ関に集まるようになった。一番人気は今も昔も財務省（旧大蔵省）である。その優秀な彼らが、バブル経済とその後の「失われた十年」を招来したことは、記憶に新しい。問題は、そのような官僚の能力にではなく、組織が持つ行動原理にこそ存在した。結果論から軍人を馬鹿呼ばわりすることは簡単である。しかし、そのような態度は、膨大な犠牲を払った戦争から教訓を得る貴重な機会を失わせることになるだろう。

それでは、この「国策」の分裂状況は、どのように解釈したらいいだろうか。実は、政府の方針を文書で決定して、それに拘束力を持たせようという発想そのものが、明治憲法体制における政治的統合力衰退の象徴的表現なのである。そもそも元勲や元老に権威があれば、このような文書は必要とされない。統合力がないが故に文章による政策決定が幾度も試みられ、まさに同じ理由で明確な方針を確定することができなかったのである。

さらに、状況が変われば、それらは反故同然となり、新たな「国策」決定に向けてのプロセスが再開されることになる。つまり、政策担当者の間で、紙の上での戦いが飽きることなく繰り返されたのである。「国策」の文面は、当時の政治状況の反映そのものでもあった。まずは、「国策」を起草した者たちの検討が必要だろう。

「国策」の原案の多くは陸海軍（特に参謀本部）から提案されたが、案文を起草していたのは中堅層と呼ばれる幕僚クラスだった。政策の起案権がどこにあるかは、いつの時代・どの組織でも非常に重要な意味を持つ。その意味で、多くの「国策」が陸海軍、特に陸軍によって起案されたことは、「軍部」の影響力を考えるうえで見逃せないポイントであろう。

本書が扱う時期では、陸軍の参謀本部が「国策」策定の中心となっていた。そもそも作戦を担当する統帥部が、外交案件をも包括する「国策」を起案すること自体、参謀本部のプレゼンスが如何に大きくなっていたかを象徴している。

政党の凋落

ところで、政党政治の時代と理解されている一九二〇年代においても、国家予算に占める陸海軍費の比率は、けっして少なくはなかった。しかし、このことは軍の政治的な影響力とは無関係であった。軍が閣議に提出した案件も、審議すらされずに廃案になるような状況だったのである。政府は、国会で多数を占めた政党人によって組織・運営され、軍は基本的には陸海軍省を通して政府のコントロール下にあった。

そのような状況が変化したのが、一九三〇年代だった。一九二七年の金融恐慌に端を発し、経済恐慌が幾度も日本を襲ったが、当時の二大政党（政友会・民政党）は政争に明け暮れ、国民生活の窮乏への対応が鈍かった。財閥が牛耳っていた昭和初期の日本の資本主義は、優勝劣敗の原則が貫徹している原初的な形態だった。そこでは、自己責任が原則であり弱者へのセーフティーネットなど存在しなかったのである。加えて、当時の政党は、同族によって経営される財閥と密接な関係にあり、その擁護者でもあった（たとえば、一九二〇年代に幾度も外相に就任し、英米協調外交の象徴であった幣原《しではら》喜重郎の妻は、三菱財閥の創始者岩崎弥太郎の娘だった）。普通選挙が実現し、成人男子に選挙権が与えられたものの、現実には金権選挙がはびこった。さらに、二大政党による政権交代は、選挙結果によってではなく、政権党の失政により実現することが常態化していた。政党にとって政権に就くには、国民の支持を得るよりも、政府（政権党）の足をひっぱる方が近道だったのである。議会では国民生活の窮乏そっちのけで、政民両党の泥仕合が続けられた。国民の間に、政党政治に対する幻滅が広がる。そして、新たな期待を担ったのが、私腹を肥やすイメージとは対極にあった軍だったのである。

一九三〇年のロンドン海軍軍縮条約（海軍の補助艦を米・英・日で一〇・一〇・七と設定した軍縮条約。ただし、日本海軍が重視していた大型巡洋艦については、六割とされた。このため条約締結の際に政府が海軍軍令部の権限を不当に抑圧したとする「統帥権干犯」問題を惹起。政党政治没落の契機となった）問題、一九三一年の満州事変、十月事件を経て、軍の政治的影響力が増大して行く。政党は、もはや単独で政治を担う存在としては期待されなくなった。政党、自由主義、議会主義、英米協調など、一九二〇年代を代表した概念が批判・攻撃の対象となり、そのような旧弊を打破する革新が待望されたのである。

帝国議会の行き着いた先

本書は、帝国議会について、ほとんど触れない。それは、一九三〇年代後半には、議会や政治家が、既に政府に対するチェック機能を喪失してしまっていたからである。しかし、この問題を先に指摘した明治憲法の欠陥と考えるのは短絡的である。確かに、現行の憲法に比較すれば、明治憲法における議会の権限は弱かった。また、政府は議会に基礎を置いていないのだから、政府と議会が対立する可能性は戦後よりも大きかった。したがって、戦前の内閣の方が、戦後の内閣よりも制度的にも弱体で、短命に終わるものが多かったのも道理である。

さらに、国家を運営する重要な権限が、議会に委ねられていた。議会が政府を攻撃する最大の武器は、予算の審議権であった。予算がなければ、政府は政策を実行できないし、軍は武器を買うことも兵を動かすこともできない。衆議院が予算を否決してしまうと、政府に残されているのは、前年度予算執行権しかなかった。そして、膨大な軍事費を必要とする戦争は、臨時予算を組まなければ遂行することができない。明治憲法体制でも、議会の承認なしに戦争をすることは、不可能なのである。

ところが、当時の議会は予算審議で軍事行動を掣肘《せいちゅう》するどころか、軍のお先棒を担ぐことで、その存在を示そうとしていた。政党政治に対する幻滅が広がり、その統合力の喪失が顕著になって行く状況で、政党の求心力を高めようとしたとも言えなくもない。そして、先述のように、彼らが先陣を争ってまで行き着いた先が、全ての政党を解散して結成した大政翼賛会だったのである。自業自得とはいえ、実に皮肉な結果だった。

参謀本部の発言力拡大

陸軍の内部の権力構造にも変化がもたらされた。満州事変は、軍中央の統制を無視した現地の関東軍による独断専行だったが、首謀者の関東軍参謀石原莞爾（陸士21、一九〇九年卒）や板垣征四郎（陸士16、一九〇四年卒）らの行為が陸軍さらに政府に追認されたことは、限りない悪影響をもたらした。陸軍の統制が乱れて行ったのである。命令に反しても成果さえあげれば手柄になる。となれば、若い者が一山当てようとするのも当然だろう。

下克上や皇道派と統制派の権力闘争は有名だが、これらは一九三六年の二・二六事件後の粛軍人事で一旦は収束しても、軍中央の統制が完全に回復したわけではなかった。当時の陸軍内の状況については、戸部良一が「陸軍暴走の連鎖」（NHK取材班編著『日本人はなぜ戦争へと向かったのか　上』NHK出版　11年）で簡潔にまとめているので、参照されたい。

陸軍省（軍政）と参謀本部（軍令）との関係に焦点をあてれば、後者に対する前者の抑制がきかなくなってきたことが指摘される。森靖夫『日本陸軍と日中戦争への道』（ミネルヴァ書房11年）によれば、それまでの陸軍大臣のリーダーシップを支えた「軍政」優位のシステムが一九三〇年代に衰退し、参謀本部の発言権が増大して行ったという。従来、軍令系の軍人は、そのキャリアを参謀本部で終えていたが、この頃から軍政の中枢である軍務局に浸食して行く。

日米開戦の時に軍務局長を務めていた武藤章（陸士25、一九一三年卒）は、主に参謀本部でキャリアを重ねた軍人だった。ちなみに、武藤は参謀本部作戦課長だった一九三七年、「支那事変」拡大に際して強硬論を唱え、不拡大論の石原莞爾作戦部長を突き上げるなど、向こう意気の強さで知られていた。満州事変を独断で実行した石原が部下から突き上げられるなど皮肉としか言いようがないが、日米開戦の時には軍務局長となった武藤本人が、開戦を主張する参謀本部の田中新一作戦部長（陸士25、一九一三年卒）や服部卓四郎作戦課長（陸士34、一九二二年卒）らから同じ目に遭わされることになる。下克上は連綿として続いていたのである。

もちろん、仮に参謀本部が戦争を欲しても、それに伴う兵力の動員、それを支える軍需物資の準備などを軍政部門が承認して予算措置を講じなければ、動きがとれない。その中心が軍務局であり、依然として大きな役割を担っていた。

そして、陸軍省のトップには第二次近衛内閣に入閣した東条英機（陸士17、一九〇五年卒）が座っていた。「カミソリ東条」と呼ばれた能吏型の軍人で、陸軍の統制をある程度回復したことは疑い得ない（36〜37ページに陸海軍中枢の組織図を掲載しているので、参照されたい）。

かたや、参謀本部は杉山元《はじめ》（陸士12、一九〇〇年卒）が総長をつとめていた。陸軍中央の要職のほとんどを歴任した優秀な人物だったが、自らリーダーシップを発揮するタイプではなかった。東条とは対極にある調整型の軍人で、「便所の扉」（どっちから押しても開く）というあだ名をつけられていた。勢い、参謀次長や作戦部長ら下僚の強硬論が目立つことになる。

「大角《おおすみ》人事」の後遺症

海軍においては、伝統的に軍政系が優位だったが、一九三〇年のロンドン海軍軍縮条約をめぐる「統帥権干犯」問題の結果、軍令（作戦）系の権限を強化する改訂が実施された。一九三三年に、海軍軍令部は軍令部と改称し、同時に制定された海軍省軍令部業務互渉規程で兵力量や艦隊の編制などに関する権限の一部が軍令部に移管されたのである。しかし、予算や人事など、組織運営の重要な権限は海軍大臣に握られていた。その中心が軍務局であり、軍務局長は陸軍と同様に、要のポストだった。

問題は、権限があっても、それを適切に行使できる人材がいるかどうかである。「統帥権干犯」問題以後、軍令系の軍人を中心とする「艦隊派」は、伏見宮軍令部総長をかつぎ、軍縮条約を締結した際に海軍省の中心にいた人物を「条約派」と目して、海軍から排除した。「大角人事」である（当時、海相だった大角岑生《おおすみみねお》の名に因む）。山本五十六（海兵32、一九〇四年卒）の同期で、海軍の将来を担う逸材と目されていた堀悌吉《ていきち》も、難を免れなかった。

そもそも「条約派」は優秀な人材であるが故に、軍縮条約締結の時に海軍省の重要なポストにいたわけである。したがって、彼らの放逐は、人材の払底を意味した。その統率力に定評があった米内光政（海兵29、一九〇一年卒）も、一九四〇年一月、天皇の強い希望で首相に任じられ、現役を去った。

後に残ったのは、能力よりも宮様や上司のご機嫌伺いに長けていたが故に出世した如才ない者や、人格円満だが決断力に欠ける者たちだった。日米開戦の際、大角人事の後遺症で海相や軍令部総長、連合艦隊司令長官の任にあたる中・大将クラスの人材が不足していたことが、のちに大きな影響を及ぼすことになる。温厚な文人肌の及川古志郎《おいかわこしろう》（海兵31、一九〇三年卒。海相、一九四〇年九月～一九四一年一〇月）、軍政経験が皆無のまま海軍大臣に就任した嶋田繁太郎《しげたろう》（海兵32、一九〇四年卒。海相、一九四一年一〇月～一九四四年七月）、上記三つのポストを歴任した建軍以来唯一の存在ながら、定見を欠いた永野修身（軍令部総長、一九四一年四月～一九四四年二月）など、国家非常時のトップとしては力量不足の感は否めない。

陸海軍の危ういバランス

さらに、第二次近衛内閣組閣直後から、新体制運動、日独伊三国同盟などの重要案件が続出し、海軍の軍務局はパンク寸前となった。このような状況を改善するため、一九四〇年一一月に、軍務局の改編などの制度改正が実施される。まず、軍務局を二分し、兵備局を新設した。軍備の内容や港湾・施設などは兵備局に任せ、軍務局は軍政全般と国防政策等に専念する態勢をつくったのである。

国防政策を担当する軍務局第二課の長には石川信吾大佐（海兵42、一九一四年卒）が就任した。

石川は、政治に口出ししない海軍軍人のなかでは異色の存在で、その交友関係は陸軍や政界にも及んでいた。石川の就任を危惧する声もあったが、岡敬純《たかずみ》軍務局長（海兵39、一九一一年卒）が石川の情報収集能力を見込んだためと言われる。

一二月には、省部の課長クラスをメンバーとする、海軍国防政策委員会が発足する。委員長は岡軍務局長。国防政策の策定や外部との連絡にあたる第一委員会は、軍務局第一・第二課長、軍令部作戦課長、戦争指導を担当する軍令部甲部員の四名を委員としていた。このうち、石川と富岡定俊作戦課長（海兵45、一九一七年卒）は、日米開戦の原動力になったとも噂される強硬論者だった。しかし、第二章で述べるように、岡軍務局長ら海軍中央の統制の枠から、彼らがあからさまに踏み出すことはなかったようである。

とりあえずの陣容は整えた海軍だったが、陸軍に対抗して主導性を発揮できたわけではない。海軍は「国策」に関して概して受動的であり、陸軍案への対応に終始した。このことは日米開戦期に海軍側から提案した「国策」がわずかしかなかったことからも窺えよう。

乱暴に要約すれば、かたや一所にじっとすることができず盛んに情勢を動かそうと策動する陸軍の中堅層と、それに手を焼きながらも制御しつつ利用する陸軍省の首脳。これに対し、穏健に物事を運ぼうとする事なかれ主義の海軍首脳と、その統制下で切歯扼腕しながら組織的利害《セクショナル・インタレスト》の拡充を模索する海軍中堅層。このような陸海軍の危ういバランスの上に成立したのが「国策」だったのである。

日米開戦直前の陸海軍組織図〔抄〕

陸軍省

- 陸軍大臣　東条英機中将
  - 軍務局長　武藤章少将
    - 軍務課長　河村参郎大佐　佐藤賢了大佐（一九四一年三月〜）
      - 課員　石井秋穂中佐ら
    - 軍事課長　岩畔豪雄大佐　真田穣一郎大佐（一九四一年二月〜）
      - 課員　西浦進中佐ら

参謀本部

- 参謀総長　杉山元大将
  - 参謀次長　沢田茂中将　塚田攻中将（一九四〇年一一月〜）
    - 第二十班長《戦争指導》　有末次大佐（一九四〇年一〇月設置）
      - 班員　種村佐孝中佐ら
    - 第一部長《作戦》　冨永恭次少将　田中新一少将（一九四〇年一〇月〜）
      - 第二課長《作戦》　岡田重一大佐　土居明夫大佐（一九四〇年九月〜）　服部卓四郎中佐（一九四一年七月〜）一九四一年八月〜大佐
        - 課員　井本熊男少佐ら

海軍省

- 海軍大臣：及川古志郎大将／嶋田繁太郎大将（一九四一年一〇月〜）
  - 海軍次官：豊田貞次郎中将／沢本頼雄中将（一九四一年四月〜）
    - 軍務局長（第一委員会委員長）：岡敬純少将（一九四〇年一〇月〜）
      - 第一課長（軍備軍政）：※高田利種大佐（一九四〇年一一月〜）
      - 第二課長（国防政策）：※石川信吾大佐（一九四〇年一一月〜）
        - 局員：藤井茂中佐　柴勝男中佐ら

軍令部

- 軍令部総長：伏見宮博恭王元帥／永野修身大将（一九四一年四月〜）
  - 次長：近藤信竹中将／伊藤整一少将（一九四一年九月〜）一九四一年一〇月〜中将
    - 第一部長（作戦）：宇垣纏少将／福留繁少将（一九四一年四月〜）
      - 直属（戦争指導）：※大野竹二大佐（〜一九四一年一一月）　小野田捨次郎中佐　一九四一年一〇月〜大佐
      - 第一課長（作戦）：※富岡定俊大佐（一九四〇年一〇月〜）
        - 作戦班長：神重徳中佐　一九四一年一〇月〜大佐

名前の右肩の※は国防政策第一委員を意味する

「国策」決定の手順

さて、「国策」は、どのような過程を経て、正式決定されたのだろうか。問題は、「軍部」や陸軍が決して一枚岩ではなく、むしろバラバラだったことである。例えば、参謀本部では次長直属の第二十班が戦争指導を担当し「国策」の策定にあたったが、作戦部長〜第二課（作戦課）のラインも「国策」を起草してイニシアチブを握ろうとしていた。つまり、「国策」は初発の時点から、軍官僚機構内の主導権争いを反映していたのである。

これらの原案は、次に部内調整というハードルをクリアしなければならなかった。官僚は、その主管業務の専門性を根拠に、所属する部署の利害《インタレスト》を「国策」に盛り込もうとする。巨大組織の常として、この段階から紙の上での戦いが始まっているのである。

特に陸軍は組織が大きかったため、内部の調整が大変だった（図3）。二十班は参謀本部内をまとめた後（第1ステージ）、軍務局の軍事課長・軍務課長（及び高級課員）らと摺り合わせて（第2ステージ）、海軍に提示する（第3ステージ）。陸軍の二十班に当たるのが、海軍の軍令部第一（作戦）部長直属（甲部員・乙部員）であった。彼らは同じ軍令部の作戦課長、海軍省軍務局の一・二課長らと協議し、局部長レベルにあげる。

問題がなければ、そのまま大本営陸海軍部の原案として連絡懇談会に提案されることになる（第4ステージ）。しかし、事務当局の折衝でまとまらない場合は、省部の局部長レベルで攻防が繰り広げられた（陸海軍の軍務局長と作戦部長の四名が主）。開戦直前の日米交渉のような重大問題は、このレベルでの調整がメインとなり（外交問題なので、外務省のアメリカ局長がメンバ

図3　「国策」策定の一般的流れ（参謀本部二十班起案の場合）

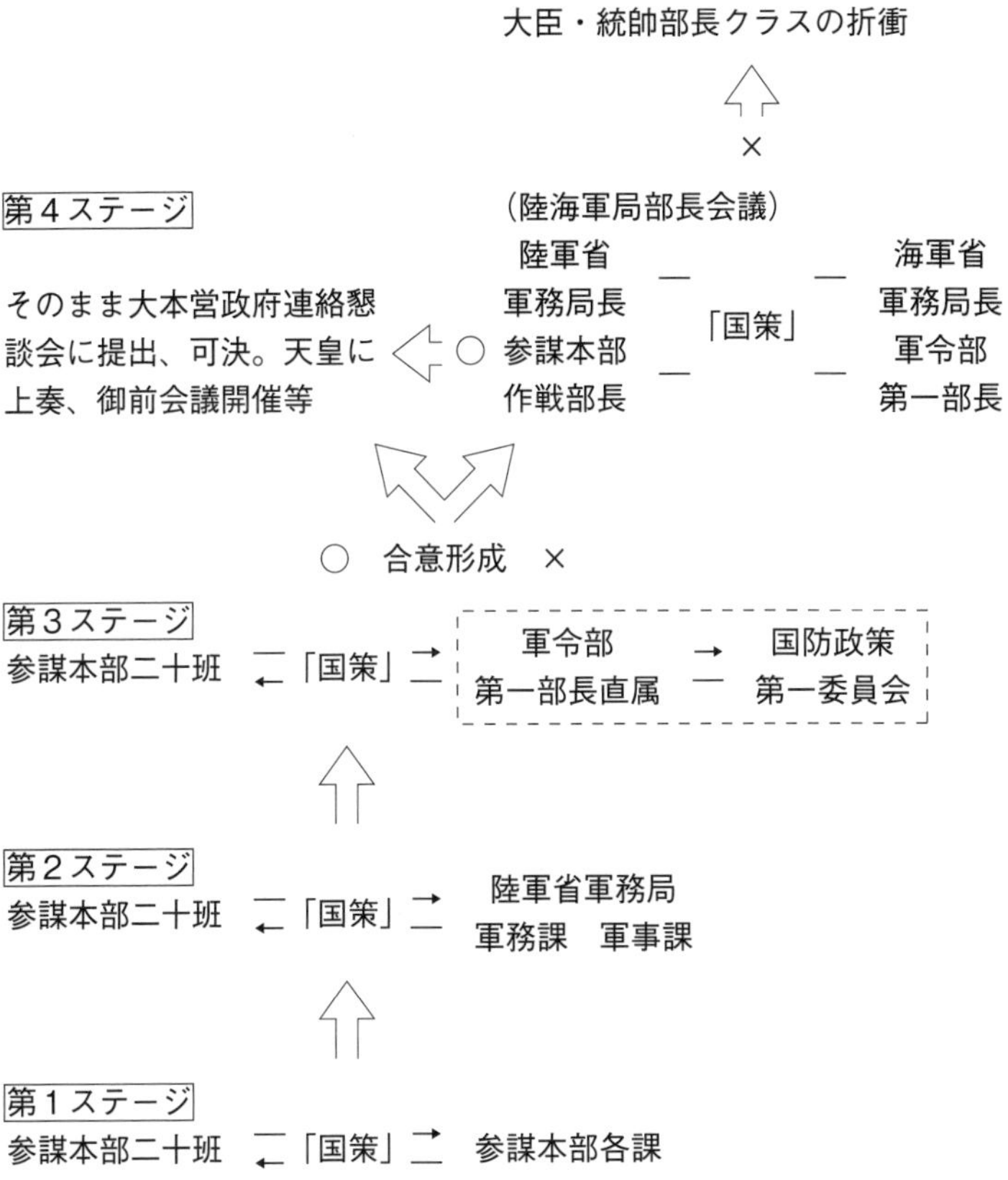

ー に加わる)、最後は大臣・統帥部長クラスの直接交渉まで持ち上がった。それでもまとまらなければ、玉虫色の作文で問題を先送りするか、それもできずに突き詰めれば内閣崩壊である。

また、連絡懇談会に提案されたからといって、「国策」はすんなりと可決されたわけではない。先の「対仏印、泰施策要綱」のように、会議が紛糾した挙げ句に本文と矛盾する文章が末尾にべたべたと添付される例は典型である。

そして、連絡懇談会で決定された「国策」をどのように取り扱うかは、その場の判断に任された。軽易なものは関係者限りの申し合わせとなるが、重要事項は天皇に説明された。その場合、統帥部から上奏(天皇に申し上げること)するか、首相が上奏するか、それとも両者が共同で上奏するかは、重要度・必要性に応じて対応された。上奏した後の扱いもさまざまであった。単に天皇の耳に入れるだけか、それとも裁可を仰いで允裁《いんさい》(臣下の申し出を許す)を得るかで、拘束力は異なる。先述したように、より重要な案件は宮中で御前会議を開催して同じ案件を決定し、権威付けがはかられた。その際、天皇は原則的には発言しないこととなっており、枢密院議長が代理をつとめていた。

このようなコンセンサス方式による文案の決定のありようは、先に指摘した特徴を「国策」に刻印した。明確な意思決定が困難な場合の「国策」決定の特徴を改めて整理すると、

①「両論併記」＝一つの「国策」の中に二つの選択肢を併記する。二つどころか、多様な指向性を盛り込み過ぎて同床異夢的な性格が露呈する場合もある

②「非（避）決定」＝「国策」の決定自体を取り止めたり、文言を削除して先送りにすることで対立を回避する

③同時に他の文書を採択することで決定された「国策」を相対化ないしは、その機能を相殺する

「両論併記」に象徴される「国策」内部の矛盾は言うに及ばず、それに従って策定された筈の具体策との矛盾など、その例は枚挙に暇がない。つまり、政策担当者の対立が露呈しないレベルの内容でとりあえず「決定したことにする」のが「国策」決定の制度であった（「両論併記」については、その提唱者である吉沢南『戦争拡大の構図』青木書店 86年、を、「非決定」については、拙著『日米開戦の政治過程』吉川弘文館 98年、「〝非決定〟という恐るべき「制度」」『日本人はなぜ戦争へと向かったのか 下』ＮＨＫ取材班編著 ＮＨＫ出版 11年、を参照）。

天皇の意志表示

なぜ、こうまで「決定」が曖昧である必要があったのだろう。

まず、「国策」はいったん文章化されると、自己に都合が良い方向へ国を引っ張る根拠として使用できる、いわば実利的な機能を期待されていたことが大きな理由であった。いくら玉虫色の決定でも、その政策の実行に御墨付きを与えたことには間違いない（もちろん自分たちだけで実施できる性格の政策であれば、そのまま執行すれば良い。しかし、各政治勢力との調整が必要な

政策の場合は、各政治勢力間で、さらなるせめぎ合いが続けられることになる）。

もう一つの重要な問題は、天皇の存在である。この「国策」決定という「制度」のなかで、天皇はどのような位置にあり、どのような機能を果たしていたのだろうか。

天皇が立憲主義的にふるまった証左として、天皇の意志が政策決定に明確に反映された二つの例外が良く挙げられる。一つは二・二六事件への対応（一九三六年二月）、もう一つはポツダム宣言受諾の「聖断」（一九四五年八月）である。前者は首相を始めとする閣僚が襲撃されて陸軍も明確な態度を示せなかった権力の空白の状態、後者は最高戦争指導会議で意見がまっぷたつに割れて意思決定ができなかったケースである。後者は受諾派が天皇に下駄を預けるという非常手段をとった結果だったが、前者は天皇の明確な意志表示であった。この二つの例を除外すれば、天皇は正規の手続きに則って政策が決定された場合は常に認めていた（＝天皇に責任はない）と理解される場合が多い。

しかし、天皇は常にロボットのように言いなりだったわけではない。天皇は輔弼・輔翼の臣に対して影響を与え得る存在であり、現実に影響力を行使していた。しかし、超越的存在という建前から、分裂した政治勢力のいずれかに天皇が与《くみ》することは回避されねばならない。このため、天皇の意志は常に間接的な方法で示され、直接的に指示することは慎重に避けられたのである（もちろん一九二九年の田中義一内閣崩壊のように、天皇の発言が原因となったケースもある。一九二八年、満州軍閥のリーダー張作霖が日本の関東軍によって爆殺された。ときの田中義一首相は、関係者の厳重な処罰を天皇に約したが、陸軍内の反対によって微温的な処分で済ませようとした。天皇が田中の態度豹変を叱責したため、内閣は総辞職し、田中は三ヶ月を経ずして失意のうちに死去する。後に天皇は、このことを「若気の至り」であり、「以来、私は内閣の上奏する所のものは仮令自分が反対の意見を持っていても裁可を与える事に決心した」と回想している（『昭和天皇独白録』文藝春秋　91年）。天皇が常に自らの原則に忠実であったかについては後述することとして、田中内閣での「学習」が後の天皇の行動に影響を与えたことは事実であろう）。

天皇の意志表示のパターンとしては、上奏の際の態度、下問の内容、裁可の保留、代弁者による発言（御前会議では、原嘉道枢密院議長がこの役にあたった）等がある。

裁可の保留という強硬な措置の場合でも、天皇は政策の内容に対する反対を唱えるのではなく、輔弼・輔翼の臣の間の「不一致」を指摘するという形をとった。つまり、天皇の影響力行使の形態が、「国策」における「一致」の表現の追求に向かわせた側面も大きい。天皇の前では糊塗的な「一致」を「国策」決定によって表現するものの、現実には政治勢力同士の深刻な相克が展開されているのが、当時の政策決定の内実であった。このようなシステムは、国家の命運を決するような重要な選択を行なわなければならない局面においては、たちまち有効性を喪失した。第三次近衛内閣のように、内閣が倒れ「国策」は白紙還元されることになる。

「船頭多くして船山に登る」

以上のような「国策」の性格を知れば、決定された「国策」の字面を追うだけでは政策決定の意味が理解できないこともわかるだろう。決定に参画した政治勢力の動向を、可能な限り視野におさめて位置付けることが必須の作業となる。ところが、この膨大な作業をさらに困難にしているのは、官僚や政治家特有のレトリックである。現代でもその傾向は顕著だが、折衝の過程で拠って立つ論拠を変更することは、彼らの常套手段である。人間である以上、相手や状況によってレトリックを変えることは珍しいことではないが、政治家や官僚の場合は筋金入りである。

そして、この時期の日本外交の重要なキーパーソンだった松岡洋右《ようすけ》外務大臣（第二次近衛内閣）は、能弁かつ支離滅裂な言動で有名な人物であった。松岡は連絡懇談会の席上で目まぐるしく意見を変え、そのレトリックが一八〇度ひっくりかえった場合もあった（典型的な例は、シンガポール攻略論〈南進〉から撃ソ論〈北進〉への転向である）。そのような発言をどれだけ集積しても、彼が何を考えていたかを理解できるとは思えなくなるのが、通常の感覚だろう。これは松岡と折衝していた当事者でも同様だった。

しかし、このような松岡の逸脱的な言動も、広いパースペクティブと長いタイムスパンから検証すれば、それなりの合理性を有していた。当事者のなかにも、たとえ松岡が興奮して喋りまくっても、一晩おけば頭が冷えて冷静な判断をすると観察している者もいたのである。

問題は、松岡が何を喋ったかではなく、その言説がどのような効果をもたせようとして発せられたか、かつどのように政局を動かしたかである。松岡の支離滅裂な言動の奥底にどのような考えがあったかを示す逸話がある。彼のゴーストライターを自称する外務官僚の加瀬俊一《としかず》に対して、松岡が語った言葉である。「外務省にデモが押しかけてきたらどうするか。大手をひろげて立ちはだかってはいけない。デモは凶暴になるばかりだ。いいかね、デモの先頭に立ってつっ走るんだ。いっしょに走る。そして、次の角でうまくまがるんだ」（『加瀬俊一選集　戦争と平和シリーズV　日本外交の旗手』山手書房　84年）。

同様のことは他の政治勢力にも指摘できる。「国策」の折衝過程は、説得のための論理が横行する場面でもあった。特に松岡はブラフを多用する政治家だったため、松岡を説得する側も勢い強硬な言質を弄することがしばしばだった。つまり、文言をめぐる紙の上のバトルと相手を説得するための言葉のバトルが常に繰り広げられていた。戦いである以上、勝利が自己目的化してレトリックの整合性が軽視されるのも当然だろう。これが、日本の政策決定の常態だったのである。

このように、日本の意思決定システムは、「船頭多くして船山に登る」状態だった。何か有効な解決策を実行しようとしても、誰かが強硬に反対すれば決定できない。まさに独裁政治の対極であった。

ゴミ箱モデル

このような混沌に満ちた意思決定状況は、果たして日本に特有だったのだろうか。実は、そうでもない。日本よりもリーダーシップや責任体系が明確とされるアメリカにおいても、意思決定状況をカオスと捉えて説明しようとする議論がある。社会学者コーエン、マーチ、オルセン（ノルウェー）らが提唱した「ゴミ箱モデル」である。

この議論は、人間がさまざまな選択肢の中から最適のものを選ぶとする合理的意思決定モデルとは対極にあり、意思決定は場当たり的な決定の積み重ねと説明される。そもそも、我々が住む世界では、選択肢と予想される結果との関係が曖昧である。さらに、その選択に関与する集団（これも一定ではなく、入れ替わりがある）の関心や目標も曖昧である。そのような条件の下での選択は、まさにゴミ箱（選択機会）にポンポンとゴミ（条件）が投げ込まれるように決定される。いったん決定されればゴミ箱は退場するが、状況に応じて新たなゴミ箱が登場し、同様の過程が生起するというのである。つまり、全く異なる条件下での選択が繰り返されるため、そこには時間軸を貫く一定の構想は存在せず、局面局面の場当たり的な決定しか見いだせない（ゴミ箱モデルに関する平易な解説は、鎌田伸一「対米開戦経緯と意思決定モデル」『軍事史学』99・100合併号、90年、を参照）。

このようなモデルで考えれば、開戦過程で投げ込まれた条件は何だったかを検討することが課題となろう。また、政治学者丸山眞男は、日本の政治を神輿に喩えた（確固たる中心がなく、多くの担ぎ手が押し合いへし合いしているうちに物事が思いもかけぬ方向へ流れて行く）が、常に変動する神輿の担ぎ手を確定することは重要である。陸海軍の中堅幕僚（陸軍省、海軍省という軍政担当と、参謀本部と軍令部という統帥部に、それぞれ存在）、局部長（陸海の軍務局長と作戦部長）、陸海両相（陸軍大臣と海軍大臣）と陸海統帥部長（参謀総長と軍令部総長）、文官の閣僚では外務大臣、その下のアメリカ局長。予算を司る大蔵大臣、統制経済の下で「物の予算」に相当する物資動員計画を担当する企画院総裁、そして、それら閣僚の筆頭である総理大臣。政策決定に直接的な責任があったのは彼らである。さらに統治権の総攬者であり、陸海軍の大元帥である天皇も、検討の対象となる。加えて、明治憲法体制では、これら以外の勢力も無縁ではなかった。天皇の弟である高松宮、枢密院、さらには重臣（総理大臣経験者）も意思決定過程から完全に疎外されていたわけではない。

となると、なぜ日米開戦のような重大問題で、これら当事者全員の意思統一が可能となったのだろうか。それは、日米開戦が、それ自体を目的として追求された結果、選択されたわけではなかったことも一因である。これから、そのプロセスを詳しく見ていくが、その中で明らかになってくることは、むしろ、効果的な戦争回避策を決定することができなかったため、最もましな選択肢を選んだところ、それが日米開戦だったという事実である。

そして、関係者たちがこのことを受容するには、内閣の崩壊と「国策」の白紙還元、さらに国策再検討という紆余曲折を必要とした。いわばゴミ箱に相当する決定の「場」における登場人物の位置関係、彼らに与えられた条件の分析も重要である。それは、どのように展開したのだろうか。

次章では、まず第三次近衛内閣が崩壊した直接の原因となった「帝国国策遂行要領」（一九四一年九月六日御前会議決定）を分析の対象とし、その「国策」の成立そして御破算の段階における意思決定状況を考察する。

第二章　昭和一六年九月の選択

一九四一（昭和一六）年七月一八日に成立した第三次近衛内閣は、三ヶ月も保たず一〇月一六日に総辞職した。アメリカとの外交交渉を成功に導くために中国からの撤兵案をまとめようとした政府に対し、陸軍が頑強に抵抗し、ついに倒閣に追い込んだのである。

かと言って、陸軍が単に横車を押して内閣をつぶしたわけではない。陸軍は、九月六日に御前会議で決定された「帝国国策遂行要領」（以下、「遂行要領」と略す）に粛々と従うよう主張しただけである。「遂行要領」は、一〇月上旬頃までにアメリカとの交渉がまとまる見込みがなければ、米・英・蘭との戦争に踏み切ると明記していた。なぜ、そんな「国策」が決定されたのだろうか。そして、なぜ近衛は御前会議という権威ある場で正式に決められた「国策」に従うことなく、内閣を投げ出したのだろうか。さらに、後継内閣の組閣にあたり、「遂行要領」は天皇の命により「白紙還元」される。なぜ白紙に戻されるような「国策」が御前会議で決定されたのだろうか。普通に考えれば、きわめて不可解な現象である。それは、第一章にみた、当時の「国策」決定の構造によって発生したのである。

さらに、内閣崩壊を導いた「遂行要領」は、珍しく海軍側から提案された「国策」だった（原案は「帝国国策遂行方針」と銘打たれていた）。それでは、海軍は、本気でアメリカと戦争するつもりで、この「国策」を提案したのだろうか。

これらの疑問を理解するために、第三次近衛内閣の組閣から、その後の流れを簡単に追ってみよう。

松岡の閣外放逐

そもそも、第三次近衛内閣が組閣された目的は、日米交渉の推進だった。前内閣（第二次近衛内閣）では、この年四月に始まった日米交渉の進め方で、松岡外相と他の閣僚との相克が深まっていた。近衛は松岡を閣外に放逐することで、日米交渉を進めようとしたのである。

実は、松岡は表向きこそシンガポール攻略論のような強硬論を唱えていたが、アメリカとの外交交渉そのものに反対していたわけではない。彼もその必要性を認識し、一九四一年三月からの訪欧中に対米交渉の布石を打っていたりもした。しかし、松岡が帰国する寸前の四月一七日、野村吉三郎《きちさぶろう》駐米大使（穏健派の海軍大将。海兵26、一八九八年卒。阿部内閣で外務大臣をつとめた後、松岡に乞われて前年一一月から駐米大使）から「日米諒解案」が日本に送られてきたのである。「日米諒解案」は、日米の主張を巧みに取り込み、対立点は巧くボカした玉虫色の案だった。しかも、日本側は「日米諒解案」をアメリカからの提案と受け取ったが、米側は単なる交渉のたたき台と考えていたのである。

松岡は、日独伊ソ四国ブロック（前年九月の日独伊三国同盟、さらに自ら訪欧して締結した日ソ中立条約）をバックとして、アメリカと正面から渡り合う「力の外交」を進めるつもりだった。「革新外交」の成果に酔う松岡は帰国直後からへそを曲げ、日米交渉をサボタージュしたのである。

当初の「日米諒解案」は、日本にとって有利な条件も盛り込まれていたため、天皇を筆頭に陸海軍も速やかな締結を望んだ。三国同盟一辺倒の強硬論を弄して閣内で一人抵抗を続ける松岡は、外ではアメリカの警戒心を煽り、内では他の閣僚、さらに天皇の信頼も失って行ったのである。そして、六月二二日にドイツがソ連に攻め込み、日独伊ソの四国ブロック構想は水泡に帰す。七月二日の御前会議では、対ソ開戦と「南進」に備える「南北準備陣」が決定された。この審議の過程で、松岡は突然それまでのシンガポール攻略論を一擲し、対ソ開戦を強硬に主張したのである。さらに、連絡懇談会での合意を無視して、独断でアメリカに対する強硬外交を続けようとした。松岡の暴走は周囲の忍耐の限度を超え、七月中旬に松岡は閣外に放逐されることになる。

前章でみたように、閣内で意見が対立しても、首相に閣僚の任免権はない。松岡をやめさせるには、内閣がいったん総辞職せねばならなかったのである。近衛のシナリオ通り、組閣の大命はふたたび近衛に降下し、七月一八日に第三次近衛内閣が成立した。主要閣僚は左記の通りである。

首相　近衛文麿
外相　豊田貞次郎（兼拓相）

陸相　東条英機（留任）
海相　及川古志郎（留任）
蔵相　小倉正恒
企画院総裁　鈴木貞一（留任）

日米交渉に積極的だった閣僚

第三次近衛内閣には、東条、及川の陸海両相、鈴木企画院総裁（陸軍中将。陸士22、一九一〇年卒。この年四月に現役を退き企画院総裁に就任した）など重要閣僚が留任し、要の外相には、前内閣なかばで海軍次官から商工大臣に転身した豊田貞次郎（海兵33、一九〇五年卒）が据えられた。豊田は海軍次官時代、及川をしのぐリーダーシップを発揮し、海軍が日独伊三国同盟を容認した原動力となった人物である。しかし、彼の基本的スタンスは英米協調であり、海軍の要求で三国条約から自動参戦条項を外した（このため欧州大戦にアメリカが参戦しても、日本がドイツ側に立って戦争に加わるかどうかは日本が自主的に判断することとなった）ことで、日米の対立が決定的になるとは考えていなかった。豊田は入閣後、日米交渉を成立させるべく奔走する。

組閣の段階では、第三次近衛内閣の主要閣僚は、いずれも日米交渉に乗り気だった。近衛は、アメリカから交渉の阻害要因と目された松岡を排除し、交渉推進の態勢を整えたことになる。

また、新内閣と統帥部の初顔合わせは宮中大本営で実施され、その後も引き続き大本営での開催が決められた（それまでの連絡懇談会は首相官邸で開催されてきた）。そのためか、会議の名称は再び連絡会議に戻されたが、メンバーと機能は連絡懇談会と変わらなかった。

虎の尾を踏んだ南部仏印進駐

日本政府としては、松岡外相を放逐したことで、アメリカに対して重要なシグナルを発したつもりだった。しかし、組閣直後に日本が実施した行動は、それを遥かに上回る衝撃をアメリカに与えた。七月下旬の南部仏印進駐が、それである。

53ページの地図を見れば、南部仏印の戦略的重要性は明らかだろう。日本としては、南部仏印に進駐して英蘭植民地をいつでも攻略できる態勢を整えて、蘭印ににらみをきかせれば、事態が好転するかもしれない。南部仏印進駐を決定した背景には、そのような主観的な判断があった。

日本がドイツと同盟を結んだ前年秋以降、蘭印は日本に対する戦略物資の売却に慎重になっていた。オランダ本国を占領して苦しめているドイツの同盟国に戦略資源を売れば、それがシベリア鉄道経由でドイツに流れ、その軍事力強化に使われるに違いない。蘭印当局がそう考えるのも当然だった。独ソ戦が始まっても、蘭印の対日認識は変わらなかった。

南部仏印は蘭印資源地帯への入り口であり、英領マレー・シンガポールを攻略するには、是非ともおさえて置きたい要衝だった。もちろん、日本側にはイギリスと事を構える覚悟はなかった。ここを先にイギリスにおさえられたら、日本は手も足も出なくなる。万一に備える措置だった。

しかし、アメリカは、そうは受け取らなかった。南部仏印進駐を、日本が蘭印をめざして本格的な南進のステップを踏み出したと判断したのである。アメリカは七月二六日、米国内の日本資

列強各国の勢力図（1941年）

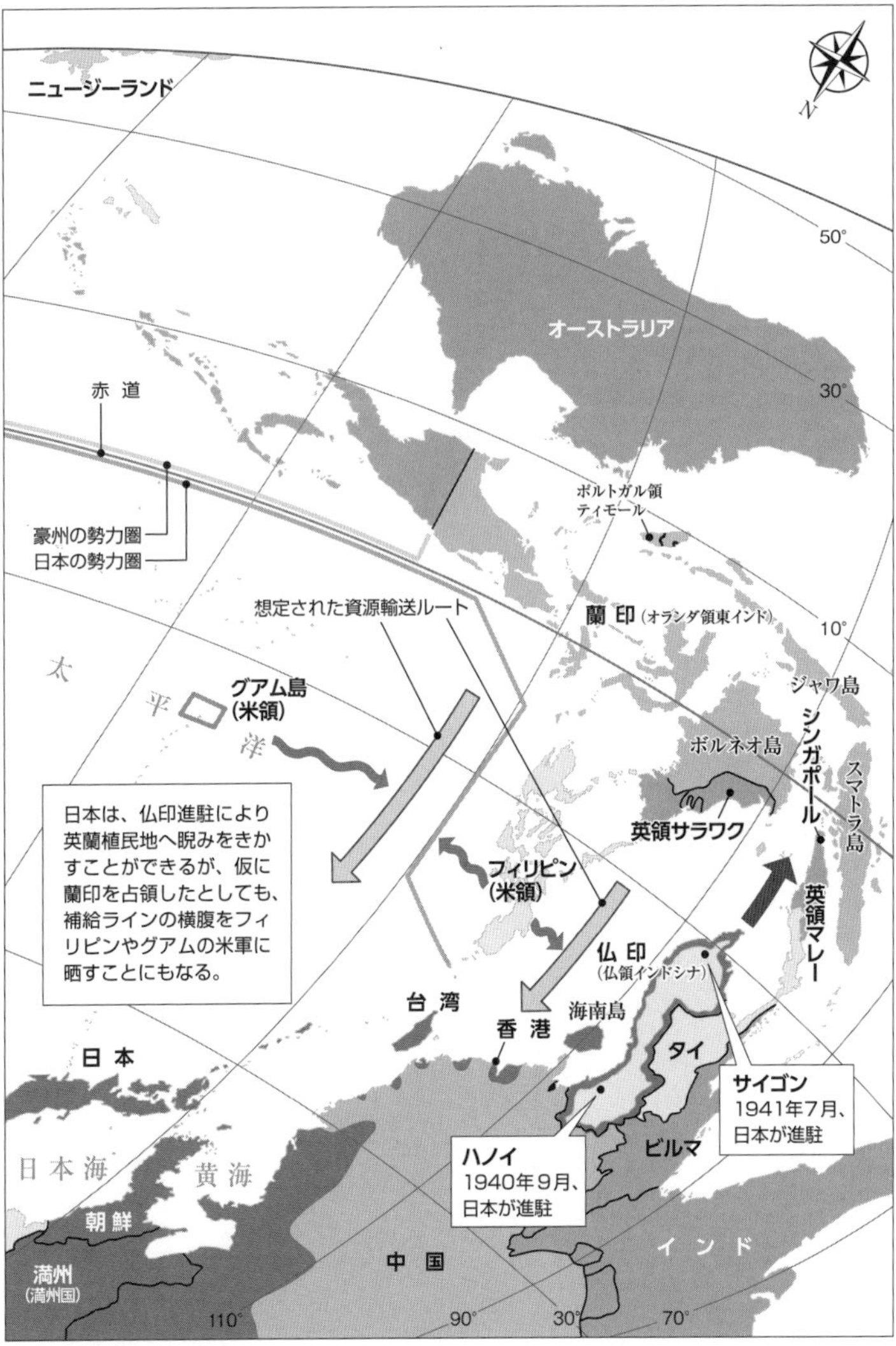
ニュージーランド
50°
オーストラリア
30°
赤 道
豪州の勢力圏
日本の勢力圏
ポルトガル領
ティモール
想定された資源輸送ルート
蘭 印（オランダ領東インド）
10°
太
平
洋
グアム島
(米領)
ジャワ島
シンガポール
ボルネオ島
スマトラ島
英領サラワク
日本は、仏印進駐により英蘭植民地へ睨みをきかすことができるが、仮に蘭印を占領したとしても、補給ラインの横腹をフィリピンやグアムの米軍に晒すことにもなる。
フィリピン
(米領)
英領マレー
仏 印
(仏領インドシナ)
台 湾
海南島
香 港
タイ
日 本
サイゴン
1941年7月、日本が進駐
ビルマ
ハノイ
1940年９月、日本が進駐
日 本 海
黄 海
朝 鮮
インド
中 国
満州
(満州国)
110°
90°
30°
70°

産を凍結し、八月一日に航空機用ガソリン、潤滑油等の輸出規制強化を発表した（最終的に、この後、石油は一滴も日本に輸出されなかった）。対日全面禁輸は目前となったのである。

対米開戦論の勃興

思いもよらぬ事態を迎え、陸海軍では中堅層を中心に対米開戦論が勃興した。彼らは、石油のストック（平時で二年、戦時で一年半）が涸渇する前に、蘭印の油田地帯を攻略して、持久戦態勢を構築すべきと考えた。「ジリ貧論」である。しかし、海軍はそれまで、意図せぬ対米戦に引きずり込まれることをおそれて、英米不可分論（イギリスとの戦争はアメリカとの戦争に発展するという見方）とともに対米戦は「自存自衛」のために限る、との主張を首脳部の統制の下で繰り返して来ていた。対日全面禁輸という「自存自衛」の危機に直面した結果、抑止の論理が開戦の論理に転化してしまったのである。

七月三〇日、富岡ら中堅層の強硬論に影響された永野軍令部総長は、参内して天皇に早期開戦論を上奏した。驚いたのは天皇である。さらに天皇を驚かせたことには、永野は開戦しても勝利の見通しがつかないと率直に説明したのである。天皇は「永野は好戦的にて困る。海軍の作戦はステバチ的なり」と蓮沼蕃《しげる》侍従武官長を通して海軍に伝えた（『沢本頼雄日記』防衛省防衛研究所所蔵。一部は「沢本頼雄海軍次官日記」として『中央公論』88年1月号に翻刻。以下『沢本日記』とする。沢本は当時の海軍次官。海兵36、一九〇八年卒。軍政畑と艦隊を主要なキャリアとし、日米開戦にはきわめて消極的な態度をとった穏健な海軍軍人の筆頭）。このため及川海相が、対米開戦論は永野個人の考えであり、海軍全体のものではないと天皇に伝え、火消しに躍起となったのである（同右）。

「帝国国策遂行方針」の起案

海軍中堅層は、事態を打開するため、対策を模索した。彼らがまず重視したのは、陸軍の対ソ開戦論の牽制だった。七月二日の御前会議で決定されていた「帝国国策要綱」は南北準備陣という「両論併記」の「国策」だったため、北方つまり対ソ戦の準備にも御墨付きが与えられていた。これに従い、七月四日には東条陸相が関特演（関東軍特種演習）開始に同意し、七日に正式決定されていたのである。新たな動員は五〇万人、ソ満国境に八五万人の大兵力が集結する。その輸送のために民間から徴傭される船舶は、現有の陸軍の徴傭船舶六〇万トンの一・五倍、九〇万トンにのぼる予定であった。船舶のみならず、軍需品や動員される人的資源も膨大な量となる。

しかも、陸軍は万一の場合の対ソ戦に備える対策を八月三日に作成し、翌日の連絡会議に提案したのである。関東軍は、ソ連軍が攻めて来そうな場合、機先を制して国境を越えて攻撃する許可を、本国に求めてきていた。北には産出量が僅かな樺太の油田以外に、資源はない。海軍の側から見ると、ソ連との戦争は資源の浪費以外の何物でもなかったのである。したがって、海軍にとって対ソ開戦はまずもって阻止すべき第一の課題だった。

次に、海軍自らの戦備充実が課題だった。中堅層の真意が対米開戦の決意にあったことは疑いない。しかし、正面切って対米戦を主張しても、首脳部に拒否されるのはわかりきっていた。このため、第一委員を中心とする中堅層は、対ソ戦の阻止に加え、日米交渉を成功に導くための対米戦備の充実、そして万一の場合の対米開戦、という三つの方針で対策案をまとめたのである。

しかし、第一委員会の委員長である岡軍務局長は、この提案を斥けた。このため、中堅層がやむなく策定したのが、「帝国国策遂行方針」（以下「遂行方針」とする）だったのである（『沢本日記』）。それは、物資獲得と外交交渉、そして海軍軍備充実を骨格とし、一〇月中旬までの戦備完整が主眼だった。「遂行方針」は、アメリカの対日禁輸強化（航空機用ガソリンと潤滑油等の禁輸）が報じられた八月三日に完成した。

近衛首相の決意

全面禁輸という危機的状況を解決すべく、近衛は八月四日に日米巨頭会談構想を陸海両相に提案した。近衛がローズヴェルト米大統領（Roosevelt, Franklin D.）と直接話し合って、事態を一挙に打開しようというのである。近衛が珍しく不退転の決意で主張した画期的な構想に、正面から反対できる者はいなかった。

そして、巨頭会談構想は、日本の意思決定システムが抱えていた困難をすりぬける妙案でもあった。なぜなら、国内で対米譲歩案をまとめようとしても、陸軍を中心とする抵抗勢力によってぶちこわされる可能性が高い。それならば、先に日米のトップ会談で妥協案を調印してしまい、即座に天皇の裁可をとりつけて、抵抗勢力の影響を排除しようというのである。これは前年、三国同盟に対する国内の批判を、天皇の詔勅を出すことで封じ込めた経験に学んだと思える。

直接会談が実現すれば日本側の譲歩により話がまとまると見込んだのは、近衛だけではなかった。陸軍ことに参謀本部は、大陸政策を組織のレーゾンデートルとしていたため、中国からの撤兵に反対だった。彼らは、日本の大陸政策を崩壊させかねない過剰な譲歩を政府から押しつけられることをおそれていたのである。東条陸相も交渉そのものには反対しなかったが、日中戦争の成果を無にすることはできないという考えだった。それが故に、陸軍は中国大陸への駐兵を確保すべく、躍起となったのである。

出師準備と「遂行方針」の提示

結局、海軍が「遂行方針」を陸軍側に示したのは、案の完成から約二週間が経過した八月一六日のことだった。なぜ、この日だったのか。それは、「遂行方針」が海軍戦備の問題と密接に関連していたからだった。実は前日の一五日が、海軍が臨戦態勢に入るかどうかの分岐点だったのである。海軍の艦艇は、常に全てが行動可能なレベルに整備されているわけではない。予算の制約から、フルに行動できる艦艇は一部に過ぎず、残りは予備艦として繋留されていたり、整備が完了していない状態のままとされていた。いざ開戦となれば、全ての艦艇を動かせる状況まで整備しなければならない。この作業を出師準備《すいしじゅんび》と言う。

海軍は前年の一九四〇年一一月、実際に戦う第一線の艦艇を中心に整備する出師準備第一着作業を極秘裡に発動させていた。そして、整備補給に当たる補助艦艇は特に充足率が低く抑えられていた（この段階の保有数は戦時計画の三割弱）が、それらを臨戦態勢まで拡充する出師準備第二着作業の開始が、この一五日だったのである。民間から、約四九万トンの船舶を徴傭する計画だった（防衛庁防衛研修所戦史室編『戦史叢書91　大本営海軍部・連合艦隊〈1〉』朝雲新聞社　75年）。

つまり、海軍は臨戦態勢を構築するため、それを合理化する「国策」を必要としていたのである。

海軍部内の情勢判断

戦わずに済むなら、それにこしたことはないが、外交交渉がうまくいくかどうかの確信はない。海軍首脳部でも意見が分かれていた。楽観論に傾斜していたのが及川海相である。八月一四日、ローズヴェルト米大統領とチャーチル英首相（Churchill, Winston）による「英米共同宣言」（大西洋憲章）が発表された。この宣言が東洋に言及しなかったため、及川は外交交渉の先行きに楽観的となっていた（『沢本日記』）。「英米共同宣言」が報じられるや、及川は部下に艦隊の縮小を仄めかすほどだったのである。

これに対し、及川と同じく戦争回避を望んでいた沢本次官は、交渉に期待するものの、及川ほど楽観的にはなれなかった。しかも、海軍軍備の充実を訴えているさなかでの、艦隊縮小という正反対の議論は、政治的にもマイナスである。彼は海軍の立場の悪化を懸念して、及川に対し釘を刺した。避戦派の沢本にとっても、現在計画している程度の軍備は不可欠だった。

つまり、巨頭会談開催への甘い見通しと、最悪の場合に備えようとする警戒感が、「遂行方針」の提案を導いたのである。

「遂行方針」の文面をめぐる攻防

問題は、陸軍の反応であった。『機密戦争日誌』（参謀本部二十班の業務日誌。防衛省防衛研究所所蔵。錦正社より98年に出版）は、「遂行方針」について「戦争を決意することなく戦争準備を進め、此の間外交を行い、打開の途なきに於ては実力を発動」する「骨子」だったと記録している（「遂行方針」の原文は残っていないため『機密戦争日誌』の記述から推論するしかない）。海軍では首脳部の統制により公式文書に戦争という文言を入れることがタブーだったため、起草した軍務二課の藤井茂中佐が、「実力発動」という文句をひねり出したという（『戦史叢書70　大本営陸軍部　大東亜戦争開戦経緯〈4〉』朝雲新聞社　74年）。

海軍の目的は戦備充実だったが、陸軍が注目していたのは、対米戦の決意に関する部分だった。そのため、陸軍は海軍が提示してきた「遂行方針」に「開戦決意」が明記されていないことに不満だった。さらに不可解なことに、戦争準備と併行して行なわれる外交の目標も明確ではなかった。要するに、海軍案で明確に打ち出されていたのは対米戦備の拡充のみで、戦争・外交ともに何をどうするのか、曖昧だったのである。なぜなら、曖昧な文言でなければ、海軍の上層部が容認する筈はなかったからである。

陸軍の硬化と情勢の急転

ところが、海軍が「遂行方針」を陸軍側に提示するや、事態は思わぬ方向に向かって急速に展開しはじめた。既に対米開戦論に固まっていた参謀本部は、これを機に「国策」を開戦決意へと引きずり始めたのである。

参謀本部は既に八月九日、年内の対ソ開戦をあきらめていた。この日以降に作戦を開始しても、冬将軍が来る前に戦争を終わらせることができないと予測したためである。となると、翌四二年春の対ソ開戦に備えるには、海軍が主役となるべき南方攻略作戦は、可能な限り早く終わらせておく必要がある。資源の涸渇に加え、このような発想からも、参謀本部は迅速な対米開戦決意を主張した。

原文の文面が残っていない海軍の原案が、外交交渉に期限を設定していたか、さらに「実力発動」という文言があっても、交渉の失敗即実力発動と書いていたかどうかは不明である。仮に書いてあったとしても、外交の到達目標が明記されていなければ、外交の成否の判定すらできず、「実力発動」も単なる看板に終わってしまう。海軍案は、その辺りを曖昧にすべく、きわめて巧妙に作文されていたのだろう。

ただ、参謀本部が、先述のように、戦争準備と外交を同時に進め、戦備完整予定の一〇月中旬を外交交渉の期限と受け取ったことだけは間違いない。強硬論者の田中新一作戦部長は即時開戦決意を主張、塚田攻参謀次長も同調した。

そして、絶妙のタイミングで、アメリカの禁輸に関する情報が入って来た。「遂行方針」が陸軍側に提示された一六日、アメリカの禁輸が石油全般に及ぶことが確定的となったのである。この日、ロサンジェルスに入泊中の日本船二隻に対する給油が不可能という情報が入ってきた。石油購入のライセンスが発行済みだったにもかかわらず、代金の決済ができなかったためである。

慌てたのは、及川海相だった。二日後の一八日、彼は当時まだ実験段階だった人造石油（石炭液化）計画の実用化を下僚に命じる。膨大な資材を要する人造石油計画を泥縄で進めようとする及川に、中堅層は冷ややかであり、反発を強めた。

参謀本部の強硬論と陸海軍折衝

参謀本部は、自分たちの意見が政府や海軍と一致する可能性は少ないと考えていた。内閣が崩壊しても、海軍が第一の当事者となる対米戦決意を「国策」として確定させる意気込みだった。しかし、59ページで述べたように、海軍が提案した「遂行方針」は、外交が成功しなかったら実力発動とされていたものの、肝心の外交の相手と到達目標が不明だった。要するに、海軍案は、対米戦備拡充という実をとりさえすれば、戦争と外交を曖昧にしてやり過ごそうとしていたのである。このため参謀本部は、失敗したら戦争に踏み切る外交交渉とは日米交渉と明記し、交渉における日本側の達成目標（譲歩限度）を「国策」に盛り込もうとした。参謀本部は、海軍の曖昧な案を、対米開戦の準備をしながら日米交渉を進め、外交で目的を達成できなければ戦争に踏み切ると、筋道を明確に整理し直そうとしたのである。

折衝の場は、陸海軍の局部長会議（武藤陸軍省軍務局長・田中参謀本部作戦部長、岡海軍省軍務局長・福留繁軍令部作戦部長（海兵40、一九一二年卒）の四名）へと移された（39ページ図3参照）。陸軍の強硬姿勢を察知した海軍は、機先を制して二六日に新たな案を提示する。その文章は対米戦決意はおろか、戦争準備の文言も削除し、目的を英米が蔣介石に援助物資を送っている援蔣補給路の遮断作戦に変更していた。陸軍は、この案を黙殺し、当初の海軍案への対案を審議するよう主張した。これに対し、岡軍務局長は決意に絶対不同意で、外交交渉が失敗した場合でも、開戦はヨーロッパ情勢を見てからと主張していた。

しかし、ついに八月三〇日、海軍側が折れる形で決着した。名称を「帝国国策遂行要領」と改めた「国策」は「戦争を辞せざる決意」（傍点引用者）という文言が盛り込まれ、決意の時機を一〇月上旬頃と設定していた。

それまで頑強に抵抗していた岡が妥協に転じた理由はわからない。あえて理由を探せば、日米巨頭会談実現への期待が考えられる。前日の二九日に、野村大使から、ローズヴェルトが巨頭会談に乗り気であるという情報が寄せられていた。強硬派の参謀本部二十班ですら、巨頭会談が実現したら日本の譲歩により交渉は成立すると観測していた。このような楽観論が、岡に影響したのかもしれない。

ともあれ一〇月上旬の段階で外交交渉が成立しなかった場合は、戦争を決意するとした「遂行要領」案が、ついにまとまったのである。それは、海軍の曖昧な「遂行方針」が、現実の行動を規定する具体性をもった「遂行要領」へと変貌を遂げた瞬間だった。海軍首脳にとっては藪蛇に、中堅層にとっては思う壺となったのである。

「目途」の問題

及川の希望的観測とは裏腹に、その後のワシントンからの電報は、巨頭会談実現の雲行きが怪しくなってきたことを告げていた。このままでは、一〇月上旬に交渉が成立していなければ、自動的に戦争に突入することになる。事態の深刻さに気づいた海軍は、九月三日の連絡会議で、「遂行要領」の文言の変更を提案した。戦争の前提条件を交渉不成立から、交渉成立の「目途」がない場合へと書き換えたのである。わずか一筆を加えることで、開戦決意の前にもう一度「目途」の判定、つまり確認作業が必要となった。陸軍にとって、それは「国策」の要であり、海軍の修正によって決定が骨抜きになったという見方すらあった（『機密戦争日誌』）。

結局、「遂行要領」は、九月三日の連絡会議で、七時間の審議の末、可決されたのである。以上みてきたように、「遂行要領」は海軍内、そして陸海軍間の微妙なバランスの上に、辛うじて成立した「国策」であった。さまざまなタイミングがほんの少しずれただけで、決定に至らなかったかもしれない。その内容は、

一　自存自衛を全うするため、対米（英、蘭）戦争を辞せざる決意のもと、一〇月下旬を目途として戦争準備を完整する

二　これに併行して米英に対する外交手段を尽して、要求の貫徹をめざす。日本が約諾し得る限度は別に定める

三　一〇月上旬頃になっても日本の要求を貫徹できる目途がない場合は、直ちに開戦を決意する

というものであった。

外交交渉がまとまらなければ戦争を決意する。「遂行要領」は形式論理的には筋が通っており、一見すると戦争に大きく近づいたように思える。しかし、「遂行要領」の成立を可能としたのは、その明解さ故ではなかった。むしろ、この「国策」が内包していた曖昧さによっていたのである。戦争と外交という全く反対の指向性をもった政治勢力が妥協できたのは、その文面を自分たちにとって都合良く解釈できたからだった。審議に七時間を要したとはいえ、たった一回の連絡会議で可決されたことが、このことを象徴的に物語っている。

連絡会議で決定された「遂行要領」は九月六日の御前会議でふたたび決定され、その権威に重みを加えた。しかし、その道のりは、けっして平坦ではなかった。「遂行要領」が矛盾をはらんだ曖昧な決定だったからである。実は、「遂行要領」は、戦争、外交、いずれの選択肢とも、細部が詰められていなかった。それでは、「遂行要領」は、どのように曖昧だったのだろうか。具体的に見ていこう。

曖昧なままの「遂行要領」

「遂行要領」が、外交交渉と開戦という両論を併記しつつ、外交交渉に期限を切った、つまり両論に順番をつけたことは疑いない。しかし、その文言や当事者の説明を読んでみると、両論ともに厳密に詰められていなかったことに気付かされる。まず、外交条件について見てみよう。

外交の目標が不明確だった海軍側の原案（「遂行方針」）に立ち返れば、外交条件が詰められていなかったとしても、むしろ当然だった。そして、交渉推進派が「遂行要領」を容認した背景には、対米交渉打開への希望的観測があったことは、疑い得ない。

近衛や豊田、及川のような交渉推進派のみならず、外交交渉に冷淡な参謀本部も、巨頭会談が開催されれば交渉成立の可能性が高いと考えていた。問題は、どのような条件でローズヴェルトと交渉するかであった。先述したように、陸軍ことに参謀本部は、近衛がローズヴェルトに会えば譲歩に譲歩を重ね、陸軍の頭越しに天皇の了承を得るのではないか、と危惧していた。このため、陸軍は「遂行要領」の決定と同時に、強硬な対米条件を盛り込んだのである。

そして、陸軍の危惧を裏付けるかのように、外務省は中国での駐兵について、期間や地域を曖昧なままにして巨頭会談に臨もうとしていた。豊田外相は御前会議の場で、条件の解釈を大きく変更して天皇に説明した。さらに外務省は、御前会議で決定された「遂行要領」と矛盾する対米条件を、直前の連絡会議ではやばやと正式決定に持ち込んでいたのである（詳細は後述する）。つまり、外交条件は、陸軍と交渉推進派の両論が並立した状況のままであり、一本化にはほど遠い状況だった。

さらに、戦争の場合の見通しも、成算があるのは緒戦の資源地帯占領作戦のみであった。長期戦の見通しは「不明」で押し通していたのである。

要するに、外交をやって失敗したら戦うと決めたものの、外交でどれだけの成果を得れば成功（＝戦争に踏み切らない）かのコンセンサスはないうえ、戦争の勝算も不明という、両論ともに曖昧なまま決定されたのが「遂行要領」だったのである。

そして、戦争の見通しに関する矛盾を鋭く指摘したのは、帝国陸海軍の大元帥である昭和天皇だった。まずは、この問題について検討してみたい。

天皇の不満

天皇が、この「国策」案に露骨な不満を示したことは有名である。なぜなら、天皇の立場からは、戦争の勝利の見通しが曖昧かつ要領を得ないものだったにもかかわらず、外交交渉そっちのけで戦争に突き進もうとしているように思えたからに他ならない。

そもそも、軍事力でアメリカを屈服させることが不可能なことくらい、わかりきった話だった。永野軍令部総長は御前会議で、南方作戦によって長期戦の基礎を確立した後は「国家総力の如何及世界情勢推移の如何に因」って勝敗が決定する、と説明した（参謀本部編『杉山メモ《普及版》上』原書房 94年。以下『杉山メモ』とする）。もともと国家総力ではアメリカに勝てる筈がないのだから、世界情勢の転換という不確定要素に下駄をあずけるという意味になる。この点に関しては、参謀本部も同様だった。これ以上議論を深めると、戦争という選択肢の基盤を崩すことになるため、議論自体が回避されていたのである。

この矛盾を衝いたのが、天皇だった。天皇は御前会議の前日（九月五日）に、陸海軍の統帥部長を首相立ち会いの下で拝謁させた。その際、外交と戦争準備を併行させず、外交を先行させることを命じたのである。さらに天皇は、杉山参謀総長に対して南方攻略作戦の見通しを尋ねた。概ね五ヶ月を要するという杉山の奉答に、天皇は一九三七年七月の「支那事変」の例を挙げて難詰した。その時、杉山（当時は陸相をつとめていた）は、蔣介石は直ぐ屈服すると説明したが、四年たった今でも終わらないではないか、というわけである。

杉山があわてて、中国は奥地が開けていて、と言い訳を始めると、天皇は「太平洋はなお広い」と叱責したという（近衛文麿『平和への努力』日本電報通信社 46年）。さらに、「絶対に勝てるか」と強い調子で詰問した天皇に、杉山は「必ず勝つとは申し上げかねます」と馬鹿正直に奉答したのである（『杉山メモ』）。天皇が、そんな博打に国の将来を委ねる訳にはいかない、と突っぱねても不思議ではなかった。しかし、永野軍令部総長が、日本を緊急手術が必要な患者に喩え、成功の見込みがあるうちに手術（武力行使）が必要であり、このままでは衰弱してしまうと説明したところ、天皇の気色は和らいだという。

冷静に考えれば、手術が必要なことと、成功の見通しが覚束ないことは、別問題の筈である。いったんは永野の助け舟にはぐらかされた天皇だったが、翌九月六日の御前会議でも統帥部を追及した。御前会議の場では、天皇は発言しない慣例だったため、原嘉道枢密院議長が代わって質問した。原は「遂行要領」の書き方は戦争が主で外交が従というふうに読めるが、と質《たず》ねた。ところが、この質問に、両者軽重なし、可能な限り外交をやって、やむを得ない場合のみ戦争に踏み切ると答えたのは、及川海相だけだった。

このため、天皇は慣例を破って自ら口を開いたのである。天皇は、統帥部からの回答がなかったことを遺憾とし、明治天皇の御製「四方《よも》の海皆同胞《はらから》と思ふ世に　など波風のたちさわぐらむ」を読み上げ、統帥部に意を問うた。統帥部は、戦争決意の前提として、外交交渉に尽力することを表明せざるを得なくなったのである。

天皇の影響力行使は、陸軍にとっては痛手だった。会議の直後、武藤軍務局長は下僚に「戦争などとんでもない」と告げた。彼は天皇の意図を正しく把握していたのである。

しかし、天皇のやり方は、それまでの意思決定システムの常道に、ぎりぎりで踏み留まっていた。外交努力を尽くすことを政府・統帥部に確認させたものの、外交交渉の条件については不問のまま、交渉が失敗した場合に備えての戦争準備までは拒否しなかったからである。もし、天皇が外交交渉一本鎗と考えていたのならば、この段階で案を留め置いて再考を促せば充分だっただろう。近衛首相は、九月五日に杉山が難詰された直後に、翌日の御前会議の議案変更の要否を天皇に尋ねた。答えは「変更に及ばず」だったという（『高木惣吉　日記と情報　下』みすず書房　00年）。

この時点で天皇が議案を差し戻せば、その後の展開は大きく異なったに違いない。しかし、政府と統帥部が「一致」して最後まで外交努力を尽くすことを表明したため、天皇は案文そのものへの干渉は避けた。翌日の御前会議でも、政府と統帥部に再確認を表明させるにとどめたのである。

「遂行要領」の「両論並立」性

このように、天皇の不満も、政府と統帥部のバランスの上、言い換えれば外交と戦争の両論の上に立っていたのである。

ここで、残された問題は二つあった。一つは、たとえ外交交渉を最後まで頑張るといっても、どこまで譲歩するかという「程度」の問題に還元されてしまうことである。

天皇の意志を理解した武藤も、日本側の大幅な譲歩がない限り、交渉妥結は不可能と見越していた。陸軍が自発的に譲歩する気は、さらさら無かった。事実、御前会議で決定された交渉条件は強硬なものであり、とてもアメリカが乗ってくるとは思えない代物だった。天皇が本気で外交交渉による妥結を望むなら、アメリカが容認するような交渉案の作成を命じる必要があった。陸軍で最も交渉に熱心だった武藤にとっても、外交はあくまでも天皇を納得させるための手続きであり、自分たちが努力を尽したという形式を整えることが最優先だったのである。

第二の問題は、そのような陸軍の認識が、他の政策担当者にすんなりと受け容れられたわけではないことである。第三章でみるように、一〇月に入って、外交交渉による妥結が望めなくなっても、政策担当者たちの考えは戦争決意に収斂したわけではない。逆に正式決定した筈の「国策」を反故にしようという動きが出てくるのである。この点からも、「遂行要領」は外交問題に関する意志統一の重要なポイントも先送りにした非（避）決定の文書だったと言えよう。

曖昧な対米条件

それでは、「遂行要領」では、どのような外交条件を決定したのだろうか。「遂行要領」の別紙として一緒に採択された対米条件（「対米（英）交渉に於て帝国の達成すべき最少限度の要求事項並に之に関連し帝国の約諾し得る限度」。以下、「限度」と略す）は、

① 米英の日中戦争への介入の阻止
② 米英の極東における軍備増強の停止
③ 日本の所要物資獲得への米英の協力

の三点をうたっていた。これらを米英が容認しなければ、戦争に訴えるというわけである。①には「日支間新取極」に基づく駐兵の「固守」が強調されていた（「日支間新取極」とは、前年の一九四〇年に汪兆銘政府と締結した日華基本条約・付属文書を指す。秘密協定で日本軍の中国への広範な駐兵や権益を設定した。「新取極」は「旧取極」——一九〇一年に清との間に締結された北清事変解決に関する議定書—と区別するための表現である）。

ところが、そこにはまるで木に竹を接いだように「右はN工作〔日米交渉〕に於ける支那事変処理に関する帝国従来の主張を妨ぐるものにあらず」と、それまでの方針の継続をうたう一文が挿入されていたのである。「帝国従来の主張」とは何を意味するのだろうか。

はっきりと記されてはいないものの、外務省にとっては、自らの主張をキープするための根拠を得たことになる。なぜなら、外務省は「遂行要領」が連絡会議で決定された九月三日に、「日米交渉に関する件」という文書を連絡会議に提案し、正式決定させていたのである。つまり、対米交渉での日本側の条件は、陸軍が主張する「限度」と、外務省が主導した「日米交渉に関する件」の、二種類が併存していたことになる。

まさに両論並立状況であった。もちろん、決定の前に両者の文言はすりあわせられたが、肝心な点は曖昧なまま残されていた。

両者の間には、三国同盟の解釈に関する矛盾もあったが、ここでは最大の懸案だった中国からの撤兵問題に絞って解説しておこう。

外務省の奮闘と目論見

外務省は、日米巨頭会談にローズヴェルトを引っ張り出すため、撤兵の条件を曖昧にする方針だった。この問題を担当していたのは寺崎太郎アメリカ局長である。

寺崎によれば、当時の外務省は対米交渉推進でまとまっていたわけではなく、むしろ逆だった。外務省内の枢軸派や「灰色組」（旗幟を鮮明にしないものの枢軸派に与していた）による日米交渉への妨害は、陰に陽に繰り広げられていた（寺崎太郎『れいめい』中央公論事業出版　82年）。さらに、戦争を避けたかった海軍も、外務省と一致協力していたとは言い難い。外交条件の検討に際して、海軍は自身の利害《インタレスト》（汪政府との条約で設定した中国南部沿岸島嶼への駐留権）を積極的に放棄しようという姿勢を示したわけではなかった。それどころか、陸軍の権益確保に便乗する態度を採っていたのである（『れいめい』）。『石井秋穂《あきほ》大佐回想録』防衛省防衛研究所所蔵。以下『石井回想』と略す）。

このような悪条件のなかで孤軍奮闘した寺崎は、対米条件を玉虫色にすることで、国内外の難局を切り抜けようとした。日米双方が自らに都合が良い解釈ができる文言とすれば、国内の抵抗を排除でき、かつアメリカを交渉のテーブルにつかせることも可能となる。このため、当初の「日米交渉に関する件」は、単刀直入に「支那よりは出来得る限り速に撤兵す」と、細かな規定を避けていた。

挫折した寺崎の意図

しかし、陸海軍との折衝の結果、寺崎の方針は後退を余儀なくされた。撤兵を限定する文言が次々と書き加えられたのである。

最終的には「日本国は日支間の全面的正当関係の回復に努め」、それが実現したら「撤兵する用意あり」という文言となった。つまり、日中平和回復後の撤兵を仄めかすだけの文章になったのである。しかも、撤兵について「日支間の協定に遵《したが》」うという条件も挿入された。さらに、アメリカ側の約諾事項として、アメリカは日中戦争解決を妨害しない（アメリカによる蔣介石への援助の中止を意味する）という条項も付加された。米側に申し入れた「日米交渉に関する件」の日本側約諾事項の要点を左記に示す（要約にあたり、米側に提示した英文も参考にした。傍線はアメリカ側から後に質問された部分）。

（イ）これまでの日米予備的非公式会談で既に一応日米間で合意した事項については、日本として同意

（ロ）仏印を基地としていかなる近接地域にも武力進出しない。同様に日本の北方（ソ連）にも

正当な理由なしに軍事行動に訴えない

（ハ）日米の対欧州戦態度は、防護と自衛の観念により決定される。アメリカが欧州戦に参加した場合の三国同盟第三条（日独伊が、現在欧州戦争に参戦していない国から攻撃された場合は、政治的・経済的・軍事的方法によって相互に援助する）の解釈は、日本が独自に決定する

（ニ）日本は日支間の全面的正常関係の回復に努め、それが実現したのち日支間の協定に遵い可能な限り速かに撤兵する用意あり

（ホ）支那における合衆国の経済的活動は公正な基礎において行なわれる限り制限されない

（ヘ）南西太平洋における日本の活動は平和的手段によりかつ国際通商関係における無差別待遇の原則（通商・産業上平等の権利を全ての者に保証する考え。アメリカの年来の主張であり、87ページで後述するハル国務長官が主張する四原則の一つ）に遵って行なわれ、アメリカが必要とする同地域の天然資源の生産と獲得に協力する

（ト）日本は日米間に正常な通商関係を回復させるために必要な措置を講ずる。日本は右に関し日米両国が相互に応じることを条件に、凍結令の撤廃を直ちに実施する

「限度」で陸軍に押し負けたため、「日米交渉に関する件」の場で反撃しようとした寺崎の意図は、一見すると挫折したかのようである。このため、豊田外相は九月四日にグルー駐日大使（Grew, Joseph C.）に対して「日米交渉に関する件」を説明したが、撤兵問題よりも（ハ）の三

国同盟問題の解釈変更の意義を強調せざるを得なかった（*Foreign Relations of the U.S. Japan: 1931-1941. Vol. II*）。豊田から野村大使への訓電でも、（ロ）の仏印からの武力進出の否定と（ハ）を、誰にでもわかる「重大約諾」と強調している。

「日支間の協定」の真意

しかし、撤兵を規定している「日支間の協定」が具体的に何を指すかは、依然として不明確なままだった。外務省は、その曖昧さを逆手にとって、ふたたび反撃に出る。

陸軍の解釈では、「日支間の協定」とは、「限度」に記されているように、汪兆銘政府との間に締結した「日支間新取極」でなければならなかった。つまり、汪と結んだ条約に記された広範な駐兵地域（北支や揚子江流域、南支沿岸、海南島など）は自動的に対米条件に含まれ、撤兵の対象にはならない。

ところが、九月六日の御前会議で、豊田外相は天皇に対し「日支間新取極」について独自の解釈を示した。豊田は、「日支間新取極」を汪兆銘政府との既存の条約ではなく、日中間で今後あらたに締結される協定と説明したのである。外務省の解釈では、撤兵の条件は日中間で新たに締結される和平条件次第となり、その内容は今後の話であった。参謀本部は、豊田の説明に驚き、駐兵の確保が容易でないことを再認識したのである。

陸軍の対中和平構想

陸軍は、すぐさま駐兵条件を自分たちの考えに統一しようとした。御前会議が終った二時間後の九月六日午後二時、アメリカ側に示す日中戦争解決の条件が、陸海外三省の当局者によって検討された。陸軍は「日支和平解決基礎条件」という案を提出し、駐兵の確保をめざしたのである。

案の構成は、六月にアメリカから提示された日米交渉案に付属していた「日支間の和平解決に対する措置」という文書を基礎にしていた。日本が蔣介石との和平条件をアメリカ側に提示し、アメリカはその条件に従って蔣介石に対し和平交渉に入るよう促すという構想である。日本としては、アメリカの介入を排除しながら、最大限の成果を勝ち取らねばならない。その前提として、抗日戦を続けていた蔣介石政権と、日本が擁立した汪兆銘政府とが合流し、新たな国民政府をつくることが必要であった。

さらに陸軍は、米案を可能な限り、自分たちの立場に引き付けようと修正した。その要点は次の四点である。

① 中国での駐兵の根拠を、日中による共同防共に置いた。六月の米案では、防共駐兵を今後の検討対象としていたため、アメリカ側も受け容れやすいと考えたためである

② 撤兵は「約定に基き駐屯するものの外事変解決に伴い原則として撤退すること」とした。日中間の「約定」により駐兵し続けることを明記し、撤兵は日中戦争の解決後まで先延ばしした。さらに「原則として」という留保条件を付けて、居座りを続ける根拠を盛り込んだ

③ 中国領土における日中経済提携として、「重要国防資源の生産及分配に関し日支間に経済防

衛協定」に類する原則を設定し、「善意の第三国」の公正な経済活動は制限しないとした

④満州国の承認。六月の米案では「満州国に関する友誼的交渉」とされていたため、日本側の立場にさらに引きつけようとした

要するに、今まで獲得した権益は手放さず、第三国が中国に新たに利権を得ることをなるべく排除しながら、中国の対日協力者も見捨てることなく（＝日本が面子を失うことなく）、撤兵の実をあげようという欲張った案である。

外務省の抵抗と陸軍の強硬姿勢

この陸軍案に対し、外務省は米側が受け容れ可能な内容に修正しようとした。②の撤兵については「日支間の協定に遵い事変解決に伴い撤兵すること」と単純化して含みをもたせようとした。③の経済提携では、米側に日本の独占への疑念を抱かせる「国防資源」の条項を削除し、「善意の第三国」といった日本の主観的判断に左右されると受け取られかねない表現も削ったのである。外務省の修正案を全体として眺めると、日中間で今後（汪兆銘と蔣介石が合流した後）締結される協定に従って撤兵が実施されることを期待させる内容となった。

問題は日本軍の駐兵地域だった。陸軍は共同防共を第一案とし、内蒙、華北の一定地域への駐屯を絶対に確保する態度だった。陸軍は、これが通らない場合は、駐兵の目的を共同防衛に変更して、さらに厦門《アモイ》と海南島を加える案を用意していた。海軍は同地域への駐屯を放棄しなかった。

結局、外務省は陸軍側に押し切られた。正式決定された九月一三日の「日支和平基礎条件」（以下、「基礎条件」とする）では、「日支共同防衛」のため「内蒙及北支の一定地域」への日本軍の「所要期間駐屯」と、「海南島、厦門及従前の取極及慣例に基く地点における日本国艦船及部隊の所要期間駐留」と規定されたのである。

③の重要国防資源についての経済提携の項目も「重要国防資源の開発利用」として復活した。かろうじて「善意の第三国」という文言から「善意の」という表現が削られ、「公正な基礎」に基づく第三国の経済活動を認めるとしたに過ぎない。これも、「公正な基礎」という意味不明な制限的文言が付けられていた。

この案は、九月九日には協議がまとまり、一三日の連絡会議で決定された。

アメリカの照会

「基礎条件」の条文をみる限り、外務省の敗北は明らかである。しかし、外務省はすぐに巻き返しをはかった。そのきっかけは、九月一〇日のハル国務長官（Hull, Cordell）と野村大使の会談の際に示された日米交渉の条件に対するアメリカ側の疑問だった。米側は、これまでの日米交渉において日米がどれだけ合意に達しているかを確認し、日本側が曖昧にして切り抜けようとしていた条件についても、その真意を質したのである。外務省は、ハルの質問に対する回答（野村大使への「返電案」）を連絡会議決定に持ち込むことで、陸軍に対し反撃しようとした。

まず、ハルの質問の内容をみてみよう。その背景には、これまでの日本案が、日本側のたび重なる提案やワシントンの野村大使が本国に諮らずに提示した私案などで、きわめて錯綜していた経緯もあった。

米側の指摘は、日本側が先の「日米交渉に関する件」（72〜73ページを参照）で示した、

①（イ）両国間で一応了解に達した事項とは、具体的に何を指すのか

②（ロ）日本は仏印を基地として周辺へ、また北方（ソ連）へも「正当な理由なしに」武力を行使しないと言うが、「正当な理由なしに」は北方だけにかかるのか仏印にもかかるのか（要するに、何か理由があったら両地域で武力行使するのか）

③（ニ）撤兵の基礎となる「日支間の協定」の内容

④（ホ）近衛の巨頭会談提案の際に提示した条件では、無差別待遇が中国を含む太平洋地域に適用されると思われたが、ここではアメリカの経済活動に公正な基礎に基づく限り、という制限が付され、日本が中国における特殊地位を持っているかのような書き方である

⑤（へ）第六項　日本の活動は平和的手段に基づくことと無差別待遇の適用もうたっているが、対象地域が太平洋ではなく南西太平洋に限定してある理由は何か

というものだった。

米側の質問は、本質的だった。日本が平和政策をとることや無差別待遇の適用をうたっても、地域や条件などで制限してあったり、撤兵も本当に実施するのか疑わしいということである。外

務省が交渉成立への希望をつないだ曖昧な表現は、アメリカからは抜け道作りと受け取られてしまった。もちろん、陸軍は抜け道をつくるつもりだったため、米側の指摘はきわめて正確だったことになる。

さらに、米側は援蔣停止という日本の要求を拒絶し、日本が蔣介石との橋渡しをアメリカに求めているかどうかも質していた。米側回答のなかで交渉に脈がありそうなのは、日本の三国同盟問題に関する自主的判断の意志表示を検討する姿勢を見せたことだけであった。日本側は、中国での原則問題で、早急な意志表示を迫られたのである。

「返電案」をめぐる攻防　「両論並立状況」の再構築

外務省は、ハルの質問を奇貨として、野村大使への「返電案」を連絡会議で決定に持ち込むことで、交渉の主導権を参謀本部から奪い返そうとした。「返電案」の内容は、日本は依然としてアメリカの橋渡しを希望していること、アメリカの経済活動に「公正な基礎」という条件をつけたのはアメリカ排除のためではなく、日中の経済協力がアメリカの経済活動を阻止する不安を除去するための表現であること、仏印からの武力不行使には制限をつけないこと、などであった。なかでも駐兵については「日支間別に定める所に従い共同防衛に当たる」（傍点引用者）と、汪蔣合流後に締結される協定を示唆する文言とされていた。

陸軍の中堅層は危機感を募らせた。陸軍省では佐藤賢了《けんりょう》軍務課長（陸士29、一九一七年卒）が東条陸相に、参謀本部では有末次《やどる》二十班長（陸士31、一九一九年卒）が杉山参謀総長に、それぞれ駐兵の確保を意見具申したのである。

一三日、連絡会議で「基礎条件」と「返電案」が審議・決定された。後者は「共同防衛の実行は日支間の「取極」に従い所要期間一定の地域に駐兵することを含む」という文言で決定した。従前の取極と明記しようとした陸軍の主張は斥けられたのである。

参謀本部には、今後の交渉に対する不安が広がった。田中作戦部長は、この点を曖昧なままアメリカと交渉しても、全面撤兵か経済封鎖に追い込まれると憂慮した。二十班の中堅幕僚に至っては、「返電案」決定に同意した武藤軍務局長を「言語同断《ママ》」（『機密戦争日誌』）と批判している。結局、陸軍は「基礎条件」のラインで「国策」を一本化させることに失敗したことになる。外務省は、自らの主張に、連絡会議の御墨付きを得ることに成功した。両論並立状況は、解決されることなく続いていたのである。

交渉推進派の策謀

巨頭会談のテーブルにアメリカを引っ張り出すには、アメリカにとって魅力的な条件をまとめなければならない。しかし、最大の障害となっていたのは、陸軍とくに参謀本部だった。交渉をなんとか推進しようとしていた武藤軍務局長は、連日のように田中作戦部長と激論を繰り広げた。その激しさは、強気の武藤をして、政策立案に集中しようとしても田中の相手で精根が尽きる、と言わしめたほどだった（『石井回想』）。参謀本部がうるさければ、政策決定過程から外せばいい。交渉推進派は、参謀本部を無視して、対米条件の取りまとめに入った。

先述したように、日本側の対米提案は錯綜しており、どの案が正式のものなのかわからないような状況だった。交渉推進派は、参謀本部を排除して、陸海外の三省で新たに正式な案を決定することで、巻き返しをはかったのである。九月一七日、新たな「日米了解案」を翌日の連絡会議に提案することが三省の局長クラスで決まった。この案は、撤兵について「事変解決に伴い之を撤退す」と、シンプルに規定していた。武藤軍務局長は、その内容を参謀本部に知らせずに、正式決定に持ち込もうとしたのである。

対米条件の一本化

ところが、九月一八日に開催された連絡会議では、参謀本部の反対によって「日米了解案」は採択できなかった。逆に統帥部から日米交渉に対する日本の「最後的態度」を速やかに決定し、アメリカに提示することが要請され、決定された。参謀本部を排除して対米提案を決めようとした交渉推進派の目論見は失敗したうえ、「遂行要領」で設定された期限の圧力が高まってきたことが顕わとなったのである。

さらに参謀本部は、政府側の「日米了解案」に対して様々な修正意見を付け、二〇日の連絡会議で要求のほとんどを貫徹させることに成功した（『機密戦争日誌』）。陸軍と対立していた寺崎アメリカ局長は、この決定には参画せず、妥協的な山本熊一《くまいち》東亜局長が矢面に立ったためと推測されている（松本繁一「日米交渉と中国問題」『国際政治』37号、68年）。

日本側が以前の案より譲歩した点は、欧州戦に対する日本の「自主的」解釈（アメリカの対独参戦が日本の自動参戦を意味しない）が明記されたことと、日本と仏印との特殊関係の主張が外されたくらいである。対ソ戦（「北方進出」）については、大きく後退した。「日米交渉に関する件」では「正当な理由なしに」は武力行使しないと表現して、アメリカの疑念を招いていたが、参謀本部の主張により文言全てが削除された。近衛首相は条文を残すことを再三主張したが、杉山参謀総長は対ソ戦へのフリーハンドを保持したいため、頑として受け付けなかったのである（『杉山メモ』）。この段階に至っても、参謀本部は翌年春の対ソ戦を視野に入れていた。

中国からの撤兵問題では、外務省は「事変解決に伴い之を撤退」という規定の上に「日支間協定に従い」という一句を挿入することで妥協しようとした。しかし、この試みも失敗に終わった。撤兵という表現自体が削除され、アメリカに日中間の橋渡しと蔣介石への援助の停止を要求し、日中和平は「既に実施せられたる日支間約定および事項」にもとづくと明確に規定したのである。

参謀本部は、和平の条件を、既得権を確保する「基礎条件」のラインで一本化させることに、ついに成功した。さらに、米側の疑念を招いていた日中経済協定に関しても、平和的手段と無差別原則によるとはするものの、隣接国（日本）の特殊緊密関係を明記した。アメリカが、自国の経済活動を妨げかねないと受け取った「公正なる基礎」という文言も残されていた。要するに、アメリカに譲歩するどころか、真正面から開き直った内容である。

参謀本部の一方的勝利がもたらしたもの

駐兵問題をめぐる外務省と参謀本部の攻防は、参謀本部の全面的な勝利で終わったかにみえた。

しかし、このような強引なやり方は、それまでの政策決定の慣行から、大きく逸脱していた。そのような場合、たとえ正式決定されたとしても、他の政治勢力がそれに従って行動するとは限らないのである。

「日米了解案」の正式決定に加わらなかった寺崎を筆頭に、交渉推進派は条件の曖昧化やサボタージュなど、さまざまなやり方で、「日米了解案」を空文化しようとした。海軍の岡軍務局長は、「日米了解案」が正式決定された九月二〇日の連絡会議の席で、「基礎条件」に記された駐兵地域の削除を提案する。駐兵地域をぼかした方が、アメリカが乗って来やすいと考えたのである。

さらに、外務省も、交渉をサボタージュした。ワシントンの野村大使には駐兵地点をぼかした「基礎条件」のみを二二日に送り、「日米了解案」は二五日まで放置したのである。連絡会議で杉山参謀総長から督促され、渋々ながら打電する始末だった。実は、外務省は「日米了解案」を店晒しにしている間、別の方法で事態の打開をはかっていた。中国での「駐兵理由」をアメリカに説明することで理解を得ようとしたのである。武藤軍務局長の発案だった。武藤の提案を承《う》け、陸海外の三省で文面をまとめ、統帥部には知らせずに野村に打電したのである。「駐兵理由」は、平和回復後における日本軍の一定地域への駐兵を、①平和的中国建設への協力（治安維持）、②日本自体の安全防護、という理由で説明していた。しかし、駐兵の期間と地域を明らかにしない提案でアメリカを説得することは難しい。ワシントンの野村大使は「駐兵理由」を米側に示すことに難色を示し、ようやく二八日になって「日米了解案」とともに「駐兵理由」を米側に手交した。

米側の雰囲気を知る野村にとって、このような提案で事態を打開することは、全く不可能だった。野村は外務省に対し、思いきった妥協案を作成することを要請したのである。日本が欧州戦争に参戦しないことをこれまで以上に明言するよう要請し、汪政府との条約での既得権を確保する「日米了解案」の表現ではアメリカ側の理解は得られないと提言したのである。これに対し、交渉推進派は、連絡会議決定を骨抜きにすることで、交渉に望みをつなごうとした。

外務省は、武藤、岡両軍務局長と協議して、九月三〇日に訓令電を送った。それは、欧州参戦問題については譲歩の可能性を示唆し、既存の条約に関する文言には「何等特別の意味」はないという内容だった。電文の内容を知った参謀本部は、武藤に猛抗議する。結局、三〇日の訓令を撤回する修正電を送ることとなり、交渉推進派の意図は挫折に追い込まれたのである。

窮地に追い込まれた近衛内閣

参謀本部は、九月二五日、外交に見切りをつける時期を、予定された一〇月上旬に実施するよう、政府に圧力をかけた。さらに文書で確認しようとする参謀本部に対し、軍令部は口頭にとどめるよう要請し、これを制止した。御前会議で決められた「期限」の重圧を回避しようとする動きが、始まったのである。

交渉推進派の懸命の努力が奏功するには、ある条件が必要だった。それは、アメリカが日米巨頭会談に乗ってくることである。交渉推進派は、駐兵の地域と期間をぼかすことで、巨頭会談開催に漕ぎ着けようとしていた。両国の指導者のトップレベルの判断に全てを委ねようとしたのである。

しかし、アメリカ、特に国務省の対日強硬派にとって、巨頭会談は危険な賭けであった。強硬派の筆頭だった国務省極東局の政治顧問ホーンベック（Hornbeck, Stanley K.）は、会談を開催してもアメリカの利益になることはないと、猛烈に反対したのである。確かに、巨頭会談を実施しても成果を得られなければ、ローズヴェルトの失点となる。さらに、対日強硬派ならずとも、国務省ことにハル国務長官にとっては、面白くない話である。国務省の権限の多くをローズヴェルト大統領に持って行かれる巨頭会談は、官僚機構の組織的な利害《インタレスト》からも、歓迎される話ではない。

一ヶ月前の大西洋会談では、ハルを締め出したローズヴェルトがチャーチルとのトップ会談で大西洋憲章を決定した。ハルは苦々しい体験をさせられた直後だったのである。交渉推進派の思惑とは逆に、アメリカは会談前に日本の撤兵に対する態度を事務的に詰めておく方向へと傾斜する。国内外から挟撃され、外務省は進退窮まることになる。

日米交渉はデッドロックに乗り上げる寸前となった。しかし、従来の政策決定のあり方から逸脱した陸軍の強硬な主張は、国論を統一して戦争に向かうどころか、むしろ統合機能の喪失へと内閣を導いて行く。結局、内閣は総辞職し九月の御前会議決定は白紙還元されることになった。それは、どのような過程を辿ったのか。そこでは何が問題だったのか。次章で検討しよう。

第三章　なぜ近衛は内閣を投げ出したか

　アメリカは、一〇月二日、日米巨頭会談の開催に否定的な回答を提示した。アメリカが日本との国交調整を焦る理由はなかったのである。この報告は、野村によって翌三日に来電した。

　九月六日の御前会議決定に従えば、アメリカが交渉に乗ってこないことがわかれば、自動的に交渉の「目途」なしということになり、開戦へ突き進む他なくなる筈だった。ところが、近衛首相、豊田外相、及川海相ら交渉推進派は、御前会議決定を空文化することで、戦争を避けようとした。実は、彼らは米側の正式回答を待たずして、駐兵問題を譲歩するラインで交渉をまとめようと、既に動きだしていたのである。

　米側の回答が到着する二日前の一〇月一日夕刻、及川海相は鎌倉に静養中だった近衛首相を訪問し、海軍の協力を申し入れた。「絶対避戦主義」を唱える近衛に対し、及川は戦略物資入手のために早急な交渉締結が必要であり、そのためには「米案を鵜呑」にする覚悟で進むよう説得したのである。近衛も大喜びで同意したという（『沢本日記』）。

　及川は、永野軍令部総長、豊田外相とも三日に会談し、協力を要請した。到着した米側回答の内容は極秘とし、トップレベルで駐兵条件の緩和を決める腹だった。外務省では譲歩案を作成する。仏印と中国からの撤兵に期限を設定し、無差別待遇問題でも日本側の要求を緩和した、これまでの対米提案のなかで、最もアメリカに歩み寄った案だった。

一〇月四日午後、連絡会議が開かれた。出席者は、近衛首相、東条陸相、及川海相、豊田外相の四相に、杉山・永野陸海統帥部長と寺崎アメリカ局長という少人数に絞られた。

しかし、会談は交渉推進派の思惑とは裏腹の結果となったのである。東条陸相は米側の回答は曖昧なため早急に外交の見通しをつけることが必要とし、かつ中国大陸でのハル四原則（一、全ての国家の領土・主権の尊重。二、内政不干渉。三、通商の機会均等。四、平和的手段以外による太平洋の現状不攪乱）適用を制限するよう主張した。両統帥部長も期限の遵守を要求した。永野軍令部総長の主張は以前から、そしてこの後も一貫していた。和戦いずれでも構わないが、開戦の場合は早急に決定しなければ戦機が失われるというのである。永野は「もはやヂスカッションをなすべき時にあらず」（『杉山メモ』）と政府にプレッシャーをかけた。永野の態度が交渉推進派の足を引っ張ったことは間違いない。

結局、外務省が用意した譲歩案は審議されることなく葬られたのである。参謀本部は五日の日曜日、三宅坂の陸相官邸で開かれた会議で、ただちに交渉成立目途を判定する御前会議を開催するよう、陸軍省側と協議する。しかし、武藤陸軍省軍務局長は、御前会議開催の気運も芽生えていないと判断し、開催に消極的だった。

近衛・東条会談

海軍側は、まず近衛首相から東条を説得するよう働きかけた。五日、荻窪の近衛邸（荻外荘《てきがいそう》）にて近衛と東条が会見する。東条は、アメリカの要求は、日本の三国同盟離脱、ハル四原則（無差別待遇問題を含む）の無条件実行、中国からの撤兵であり、もはや妥協することはできないと主張した。これに対し、近衛は、焦点は駐兵であり、仮に譲歩して撤兵に応じても資源保護などの名目で居座れば実をとれると、東条を説得した。さらに、九月六日の御前会議で示された天皇の外交推進への希望を考慮すると、交渉妥結の可能性は慎重に判断すべきであり、アメリカは単に遷延策をとっているとは思えない、と主張したのである。その論拠として、近衛は日本が暗号解読で入手したクレーギー駐日イギリス大使（Craigie, Sir Robert L.）の本国宛電報を示した（『沢本日記』）。これは九月三〇日付けのイーデン英外相（Eden, Robert A.）宛の電報で、その中でクレーギーは、近衛が真剣に三国同盟からの離脱を望んでおり、今が極東問題解決の好機と進言していた。さらに、グルー駐日アメリカ大使もクレーギーと同じ考えだというのである（『日、米外交関係雑纂』第四巻、外務省外交史料館所蔵）。近衛は、交渉条件をさらに研究したいと主張した。

これに対し、東条は御前会議決定を形式的なものにおとしめてはならないという正論で反対した。筋論としては、東条の主張に一点の曇りもなかった。しかし、御前会議の雰囲気を考えれば、むしろ東条の主張の方が、大局的判断を失った形式的判断に映る。近衛と東条の話し合いは不調に終わったが、近衛はまだまだ非戦論で進む決意だった。

「英米可分論」を主張し始めた海軍

翌六日、陸海軍の局部長会議で、陸海軍の意見が正面から激突した。陸軍が交渉の「目途」なしとしたのに対し、海軍は駐兵問題で譲歩すれば「目途」ありと主張したのである。さらに海軍は、英米可分論、戦争の場合の被害船舶量の想定など、「遂行要領」の前提を崩す議論を蒸し返した。

「英米可分論」は、イギリス・オランダのみに戦争相手を限定できる可能性である。これは、永年の海軍の主張だった「英米不可分論」を再考しようという提案に他ならない。海軍は、これに先立つ半年以上、松岡外相や陸軍の一部によるイギリス・蘭印への「好機南方武力行使」論（マレー、シンガポールを攻略し、蘭印の資源地帯を武力で占領する）に対し、イギリスとの戦争はアメリカとの戦争に発展するというレトリックで抑止につとめていた。この議論は、戦争を抑えつつ、対米戦備を拡充する根拠にもなり、海軍にとって非常に好都合だった。戦争は「自存自衛」のために限る——危機が起こらなければ抑止のレトリックだった英米不可分論が、全面禁輸によって本当に危機に陥ったために、対米開戦の論理に転化してしまったのが、この二ヶ月の動きだった。だったら、武力行使の対象をイギリスにとどめることで、対米戦を回避すればいいというわけである。

歴史の結果を知っている現在の観点からは突飛とも思えるが、当時の情勢を考えると、英米可分論は現実から遊離していたわけではない。イギリスが最も恐れていたのは、日本がイギリスの植民地を攻撃した場合、アメリカが武力援助してくれるかどうかだった。アメリカは植民地主義を嫌悪し、自らの植民地フィリピンの独立を既に決定していた。イギリス本土がドイツに脅かされた前年の状況ですら動かなかったアメリカが、大英帝国のアジア植民地防衛のために、果たして血を流してくれるだろうか。イギリスにも確信がなかったのである。

英米可分論は、先述した近衛・東条会談でも、近衛から提言されていた。陸相の東条は、その際、英米不可分論は海軍の永年の研究の結晶であり、現在の政策は不可分論に立脚して作られていると反論していた。ところが、英米不可分論の総本山だったはずの海軍が、今度は近衛首相と連携して自ら依拠していた議論に再検討を申し出たことになる。

当然のことながら、御都合主義ともいえる海軍の突然の方針転換は、陸軍にとっては噴飯ものだった。それまで、英米不可分論を根拠に対米戦備の拡充に努めてきた海軍が、土壇場になってその前提をひっくり返すなど、無責任も甚だしかった。

被害船舶量の問題は、ジリ貧論の核心だった。これまで、戦時の船舶損耗率は過去の戦例から年一割と見積もっていた。当時の日本の輸送船舶は約六〇〇万トン、タンカーは四四万トン、その一割を補充するためには、日本の造船能力（年間五〇～七〇万トン、タンカーは今後二年で二〇万トンが建造される予定）で事足りる。九月六日の御前会議は、このような楽観論を前提としていた。しかし、この一〇月六日の会議で、福留軍令部作戦部長は、年一四〇万トンもの船舶を撃沈される可能性があり、南方戦争に自信がないと率直に説明したのである。

陸軍側は憤激した。これまでの海軍の主張は何だったのか。「海軍の無責任、不信、正に国家を亡ぼすものは海軍なり」と、参謀本部中堅幕僚の憤懣が『機密戦争日誌』につづられている。もし海軍の主張が正しければ、御前会議が過った前提に基づいて決定を下したことになる。天皇の臣としての義務を尽さなかったという責任問題（臣節問題）に発展しかねない重大な過誤であった。東条陸相は杉山参謀総長と会談し、船舶問題が事実だったら陸海軍の両大臣と両総長が責任をとって辞職すること、そうでなければ外務省の責任で交渉を続行するが、アメリカに対して新たな譲歩はしないことを申し合わせた。

一致結束できない海軍首脳部

近衛の東条説得失敗をうけて、海軍も首脳部会議を開き、対応を協議した。同六日夕刻、及川海相、永野総長、沢本次官、九月に着任した穏健な伊藤整一次長（海兵39、一九一一年卒）、岡軍務局長、福留作戦部長が日比谷の大臣官邸に参集した。海軍にとっては、中国からの「撤兵問題のみにて、日米戦うは馬鹿なこと」だった（『沢本日記』）。実は、強硬な対米開戦論者の石川信吾軍務二課長さえも、日米戦争回避のために「支那事変」をご破算にすることに抵抗を感じていなかった（水交会編『帝国海軍　提督達の遺稿　下』水交会　10年）。海軍では避戦派だろうと、開戦論者だろうと、陸軍の大陸利権に対しては、きわめて冷静な判断をしていたのである。首脳部会議は、外交交渉の継続と条件の緩和で意見が一致した。

しかし、及川が「陸軍と喧嘩になってもかまわぬ覚悟にて交渉して」もいいかと確認を求めたところ、永野総長は「それはどうかね」と牽制したのである（『沢本日記』）。三期先輩の永野の発言に、温厚な及川の決意は鈍った。陸海軍が対立すれば、内閣崩壊となるかもしれない。本気で避戦を貫きたいならば、その覚悟が必要な筈だったが、海軍は結束できなかったのである。海相には人事権があったため、たとえ先輩だろうと、及川が永野を解任することが可能だった。しかし、就任後わずか半年の永野を更迭する荒療治ができる及川ではなかった。結局、海軍は、自己の立場を守りながら、国内の混乱を避けつつ交渉に期待をかける方向で進むことになる。

海軍が下駄を預けた先

もちろん、陸軍も最初から能天気に対米戦を主張したわけではない。武藤軍務局長は、対米戦は日本の社稷《しゃしょく》を危うくする、と呻吟したという。撤兵問題で強硬姿勢をとっていた東条も及川に対して、一度は「最後、撤兵問題のみにて対米交渉が纏まるならば考慮する意思を表明」した(『沢本日記』)。しかし、陸軍は最終的に、自らの利害《インタレスト》を最優先する立場に踏み留まったのである。陸軍は、撤兵に同意するには、海軍が対米戦の見通しが立たないことを公式に認めることを要求した。これに対し、石川軍務二課長は、「陸軍に下駄を預けられるな」、と部内を触れ回ったという。石川の議論は、軍官僚の心性を鋭くついていた。海軍は自らの組織だけに責任を押し付けられることのないよう、対米戦の見通しに関する明言は避け、長期戦に対する見通しは不明という立場で押し通した。

そのかわりに、海軍が下駄を預けた先が、近衛首相だったのである。海軍にとっては、自ら傷付くことなく、かつ政治的混乱を引き起こさない形での解決が最も望ましかった。その前提には、駐兵問題で対米条件を緩和しさえすれば、交渉による解決が可能という見通しがあった。

一〇月一二日、豊田外相、東条陸相、及川海相、鈴木企画院総裁の四人が近衛の荻外荘に招かれ、四時間に及ぶ会談が繰り広げられた。交渉推進派の思惑は一致していた。会談に先立ち、外務省は新たな譲歩案を作成していたのである。それは二年以内の撤兵完了と、駐兵地域・期間を限定する案だった。駐兵については、汪兆銘との条約で確保したものではなく、日中間で新たに直接協議する協定に基づく北支・蒙疆の一部と海南島への五年間の駐留としていた。しかし、東条は頑としてその主張を曲げなかったのである。会談は失敗に終わる。

さらに、二日後の閣議で、東条は事態を暴露する行動に出た。第一章で指摘したように、機密保持を理由に、閣議には「国策」の全文を知らせないことが慣例化していた。その主張の中心だった陸軍のトップが、この挙に及んだのである。これは、合意形成システムへの真正面からの挑戦に他ならない。そして東条は、首相と会うと感情的になるという理由で、今後は近衛と話し合わないと宣言した。東条の意図は、鈴木企画院総裁を介して近衛に伝えられた。事実上の最後通牒である。近衛内閣の統合力喪失は誰の目にも明らかとなった。

そして、この状況に対し近衛が採ったのは、開戦決意でも外交条件緩和への努力でもなく、内閣総辞職による決定の回避だったのである。筋から考えれば、九月六日の御前会議決定に不備があったことを認めた上で、決定に参画した政府と統帥部の責任者全員が引責辞任すべきだった。しかし、もし、そのような事態となれば、開戦の意思決定はきわめて困難となったに違いない。しかし、近衛は失策を認めることで自分の政治生命を失うことを避け、うやむやのまま内閣に幕を引いたのである。

内閣崩壊の原因

いったい、九月六日の御前会議決定は何だったのだろうか。東条陸相は、決定を遵守して開戦を決意する御前会議を開催するよう主張した。正論である。しかし、東条の主張は、「両論並立」という「国策」決定の慣例的状況からも、外交を優先せよという天皇の希望からも、逸脱していた。それはまさに、陸軍の組織的利害《セクショナル・インタレスト》のゴリ押しに他ならなかったのである。その結果、内閣は倒れ、「国策」は天皇から白紙還元が命ぜられた。バランスを失した東条の行動は、陸軍利害《インタレスト》の貫徹どころか、決定自体がご破算となる結果を招いたのであった。「非（避）決定」の構造の強固さが表現されたとも言えよう。

なぜ日本は、外交の推進も、開戦の決定もできなかったのだろうか。その原因は、官僚組織の割拠性、そして、陸海軍の利害関係がねじれの位置にあったことにも起因する。

官僚組織の割拠性

東条は、倒閣に至った一〇月一四日の閣議で、次のように主張した。

「撤兵問題は心臓だ。〔中略〕米国の主張に其侭《そのまま》服したら、支那事変の成果を壊滅するものだ。満州国をも危くする。更に朝鮮統治も危くなる〔中略〕撤兵を看板とせば軍は志気を失う。志気を失った軍は、無いも等しいのです」（『杉山メモ』）

大日本帝国の利害《インタレスト》と陸軍の利害《インタレスト》を同一視する議論である。もちろん、彼らが本心から満州国と朝鮮の統治に自信がなかったわけではない。反対のためのレトリックの部類である。戦争の結果を知っている我々の立場からは、中国からの撤兵問題でアメリカと折り合いがつかなければアメリカに戦争を仕掛けるなど、愚の骨頂でしかない。確かに、日本は日中戦争に多額の予算を投入し、日露戦争を超える戦死者も出していた。手ぶらで帰る訳にいかないと思うのは人情である。しかし、アメリカと戦って敗れれば、中国大陸の利権を失うなどというレベルでは済まない。起こりうるリスクと利害得失を天秤にかければ、対米戦という結論が出るはずはないのである。

これに対して海軍は、先述のように撤兵問題だけで日米が戦うなど「馬鹿なこと」という立場だった。国を危うくしかねない対米戦と、中国からの撤兵を天秤にかければ、結果は明らかである。ところが、最大の問題は、日米戦と中国からの撤兵を天秤にかけて判断する政治的主体が、日本のどこにもなかったことである。

利害のねじれ

さらに、大陸政策は第一に陸軍の利害《インタレスト》だった。撤兵しても、海軍が傷付くことはない。その意味でも、海軍はドライに撤兵を主張することが出来たのである。突き放して言えば、交渉推進派は陸軍の犠牲で問題を解決しようとしたことになる。

しかし、陸軍にとって、事情は異なっていた。対米戦の主役は第一に海軍だった。陸軍は緒戦の南方資源地帯への侵攻作戦が一段落した後は、占領地の防衛戦という限定的な役割しか想定していなかったためである。英米蘭の植民地防衛部隊の規模を考えれば、ソ満国境や中国大陸に展開する日本陸軍の、ほんの一部を割く程度で済む。

さらに、陸軍はアメリカに関し、ほとんどと言っていいほど知識を持っていなかった。第一次世界大戦の時に植え付けられていたアメリカの兵隊は弱いという印象に加え、その物的豊かさの裏返しとして、アメリカ人は長期戦の耐乏生活に堪えられないと信じていたのである。

要するに、陸軍にとって、対米戦は海軍がやってくれる戦争だった。東条が対米戦を主張できたのも、他所の仕事という認識だったからである。しかし、海軍は対米戦に自信がないと公式に言うことは出来なかった。対米戦を名目に多くの予算と物資を獲得してきた経緯に加え、九月の御前会議では外交交渉が成立しなければ開戦に踏み切ることをも明言していたからである。戦争が不可能と言えば、海軍の存在意義が失われる。

つまり、陸軍も海軍と同じように、自分以外の組織の犠牲によって問題を解決しようとしたのである。もし陸軍が対米戦を自らの戦争と自覚して中国で失う利害《インタレスト》と同じ地平で考えることができたなら、撤兵という苦渋の選択を行ない得たであろう。そして海軍が大陸の利害《インタレスト》と陸軍との関係を自らの対米戦と同レベルの問題として捉えることができたなら、その主張に説得力が増したに違いない。しかし、現実には、両者ともに自らの利害《インタレスト》に立てこもる姿勢をとった。

結局、組織的利害を国家的利害に優先させ、国家的な立場から利害得失を計算することができない体制が、対米戦という危険な選択肢を浮上させたのである。

「皇族内閣」構想

ポスト近衛の困難な政局を誰に担わせるかは、きわめて重大な選択だった。そして、非常時に近衛以上の求心力を持つ人材と言えば、皇族以外にない。陸軍大将で軍事参議官だった東久邇《ひがしくにの》宮稔彦《みやなるひこ》王（陸士20、一九〇八年卒）が候補に上がった。

このプランは、東条が暴露発言をした閣議の翌一五日朝に、東条が鈴木を経由して木戸幸一内大臣に伝えた。また、同日夕刻に参内した近衛も、この案を天皇に言上したのである。天皇は、陸海軍が一致して平和の方針に決定したならば、東久邇宮の出馬もやむを得ないという意見だった。

木戸が改めて東条の意向を確認したところ、彼の考えは違っていた。現状のまま、東久邇宮に下駄を預けようというのである。これには木戸内大臣が難色を示さざるを得なかった。皇族内閣が戦争に突入して万一敗北した場合、皇室が国民の怨みを買う可能性があるからである。最悪の場合、天皇制打倒をめざす共産革命が起きるかもしれない。内大臣という天皇家の安泰を守る職にある木戸にとって、それは最も避けるべき想定だった。

一六日の朝、木戸は近衛に、東久邇宮内閣に反対する旨を伝えた。ところが、近衛はその日のうちに総辞職してしまったのである。代案がない段階での近衛の唐突な辞職に、木戸は驚いた（木戸幸一『木戸幸一日記　下』東京大学出版会　66年）。

大命は東条に

翌一七日に、後継首相候補者を選ぶ重臣会議が宮中西溜の間で開かれた。出席者は首相経験者と原枢密院議長、そして木戸内大臣である。宮中で天皇を補佐し、側近中の側近ともいえる木戸は、東条を推薦した。システム攪乱者の行動が限度を超えた場合、普通は松岡前外相のように閣外に放逐されるだろう。撤兵に反対して内閣を崩壊させた陸軍のトップに政権を担当させるわけだから、奇策以外の何ものでもない。しかし、中国からの撤兵は、陸軍の合意なしには不可能である。仮にアメリカとの協定が成立しても、約束通り実施するには陸軍内部の統制が絶対条件であった。そのためには、陸軍が主体的に撤兵の決定に参画する必要がある。

さらに木戸は、陸軍の権力構造を見極めた手段を、抜かりなく提案した。東条を現役にとどめ、かつ陸相を兼摂させるというのである。たとえ東条だろうと、予備役に編入されてしまっては、陸軍が服する筈もないからである。若槻礼次郎は宇垣一成《かずしげ》を、林銑十郎は皇族内閣を主張した。広田弘毅、阿部信行、原の三人は東条案に賛成で、木戸によれば反対論はなかったという。結局、木戸の意見が通った。

この結果、東条は、それまでの抵抗勢力のポジションから、政策決定の主体へと祭り上げられたのである。天皇の感情を熟知していた東条が、今までのように撤兵反対を貫ける筈はなかった。大命降下に当たり、天皇は東条に「白紙還元の御諚」を下し、九月六日の御前会議決定を白紙に戻して再検討することを命じた。その直後に、宮中に召された及川海相も、天皇から直々に陸海軍が協力するよう命じられたのである。

第四章　東条内閣と国策再検討

　東条への大命降下は、ほとんどの人にとって予想外だった。三宅坂の陸相官邸にいた東条本人は宮中からのお召しを、駐兵問題へのお叱りと勘違いし、「苦虫を噛み潰したような顔」をして参内したという（『西浦進氏談話速記録　下』日本近代史料研究会　68年）。陸軍省には、いくつもの情報筋から東条への大命降下が報じられたが、最初は誰も本気にしなかった。

　しかし、本当に東条に大命が降下したとわかると、陸軍省は次期内閣の閣員名簿の作成を始めたのである。東条は驚きのあまり考えがまとまらず、明治神宮と靖国神社を参拝してから官邸に戻ったという。しかし、武藤軍務局長が用意した閣員名簿に、東条は不機嫌だった。東条は元企画院総裁の星野直樹を招くと、陸軍関係者を部屋から追い出して組閣を開始した。

　結局、二四時間を経ずして発足した東条内閣の主要な閣僚は、次のような顔ぶれだった。

首相　東条英機（陸相、内相を兼任）
外相　東郷茂徳《しげのり》（兼拓相）

海相　嶋田繁太郎
蔵相　賀屋興宣《かやおきのり》
商工相　岸信介
企画院総裁　鈴木貞一（留任）

東条は首相に加え、陸軍大臣と内務大臣を兼任した。道府県知事を通して全国の警察を束ねる内務大臣を兼任したのは、仮に日米交渉が成立した際、予想される国内の混乱を、憲兵と警察を総動員して抑え込むためだった（このため、開戦後の一九四二年二月に内相を辞している）。開戦決意の鍵となった海相、外相、そして蔵相については、解説が必要だろう。

海相人事に介入

海軍は当初、海相に豊田副武《とよだそえむ》呉鎮守府司令長官（海兵33、一九〇五年卒）を予定していた。海軍では後任の推薦は海相の職務であり、この年の四月まで軍令部総長を勤めていた皇族の伏見宮（元帥。軍事参議官）の承認をうけることが慣例化していた。伏見宮は豊田副武を「破壊的」と渋って山本五十六の同期である嶋田を推し、及川の留任も希望したものの、敢えて反対はしなかった。連絡を受けた豊田は、直ちに呉から上京の途につく。

ところが、東条は豊田の海相就任に難色を示したのである。豊田は陸軍の無統制ぶりに直言するなど、アンチ・アーミーで名高い人物だった。東条は天皇による陸海軍協力の命令を逆手にとって、豊田では陸軍がおさまらず、自分も組閣の大命を拝辞するしかないと、揺さぶりをかけたのである。後任海相人事に外部から干渉されるという稀に見る事態である。部内から悪例を残すと反対されたにもかかわらず、及川は実にあっさりと豊田案を引っ込めた。

豊田を諦めた及川は、さりとて自らの留任も拒否する。東条は表立っては言わないが、及川を望んでいないのも明らかだった。結局、白羽の矢が立てられたのが、嶋田だったのである。彼は一年四ヶ月にわたる支那方面艦隊司令長官の任を解かれ、一ヶ月ほど前に横須賀鎮守府の司令長官に着任したばかりであった。ところが、嶋田の経歴は艦隊と軍令部が中心で、海軍省の勤務経験はない。軍政については未経験のため一度は就任を固持した嶋田だったが、翌朝になって就任を受諾する。

嶋田の就任は、結果的に開戦への大きな障害が取り除かれたことを意味した。彼のもとで、海軍は早々に開戦を容認することになったからである。とはいえ、嶋田自身は、就任直後は戦争を避けたい考えだった。彼に同情の余地があるとすれば、中央情勢に疎い状態で着任したにもかかわらず、及川から何の引き継ぎも受けなかったことであろう。嶋田は金庫の中に「遂行要領」を発見し、驚愕したという。

避戦を第一と考える沢本次官は、嶋田の就任早々に彼のリーダーシップを期待した。しかし、当の嶋田が日和見の態度を示したため、沢本は落胆する。そもそも、艦隊と軍令部しか知らない人間を海軍省のトップに据える人事は、平時ならばそこまで問題はなかったかもしれない。しかし、国家の危機的状況での選択としては、首をかしげざるを得ない。

豊田に固執するか、山本五十六を迎えていたら、事態は全く異なったであろう。自分が大臣だったら避戦を明言するという山本の発言が、沢本の耳に入っていた（『沢本日記』）。山本海相の可能性はゼロではなかった。しかし、この段階で連合艦隊司令長官として真珠湾攻撃の訓練に明け暮れていた山本を引き抜く英断を、近衛の東条説得失敗の際の海軍首脳部会議（一〇月六日）で、陸軍との衝突を避ける態度を取った永野を解任することも出来ない及川に期待するのは無理である。及川の決断力欠如は、彼が海相を退く時にも露呈した。

東郷外相の入閣

豊田貞次郎外相の跡を襲ったのは、外務官僚出身の東郷茂徳である。東条の入閣要請に対し、東郷は新内閣の対米策について東条に質した。東条は、陸軍の撤兵反対によって近衛内閣が総辞職したのは事実であり、自分に大命が降下した以上、強硬論を貫くのは当然と主張したという。東郷は、それでは交渉は決裂に決したも同然と、入閣を辞退した。すると東条は、条件の再検討と交渉成立への希望を表明して、入閣を懇請した。東郷によれば、このことを確認したうえで、入閣に同意したという（東郷茂徳『時代の一面』中公文庫　89年）。

東郷は、ノモンハン事件の後始末など、職業外交官としての手腕には定評があったが、外務省の本流を歩いた人物とまでは言い難い。あまり人と打ち解けるタイプではなく、外務省内の人脈も少なかった。この点で、東郷のライヴァルと目されていた重光葵《まもる》（戦争中の外相を、東郷とほぼ分け合うかたちでつとめた）とは正反対で（社交的な重光には敵も多かったが、省内外の人脈は幅広かった)、両者の間には溝があった。

新任外相の最初の仕事は、主要人事である。省内の知人も少なかったため、次官には同じ鹿児島県人の西春彦を迎えた。要のアメリカ局長は、山本熊一東亜局長が兼任した。日米交渉の推進に奮闘した寺崎は、豊田外相と進退を共にしたのである。アメリカ課長には、加瀬俊一《としかず》が就任した。

東郷が次に着手したのは、省内の引き締めであった。第二章で述べたように、外務省が、日米交渉の推進に向けて結束していたわけではなかった。寺崎は思いあまって豊田に一部職員の処断を進言したことがあったが、豊田は「僕は、人を徳をもって化す主義でねぇ」と相手にしなかった。楽天家の豊田ならではの反応である。しかし、豊田は外相辞職の日、寺崎に「あの時、貴様のいったとおりに、奴らの首を切っておけばよかった」と呟いたという(『れいめい』)。

一〇月二〇日に開催された新旧外相の挨拶で、豊田は「省内派閥の分裂状態」を指摘した。豊田の統制力不足の原因の一つは、彼が外務官僚出身ではなく海軍の人間だったからでもあった。東郷は豊田の言葉を承けて外務省内の「団結の必要を説き」(天羽《あもう》英二日記・資料集刊行会編『天羽英二日記・資料集』同会刊 82年)、刷新人事を敢行したのである。枢軸派の大使一名に辞表の提出を求め、課長二名と事務官一名を休職とした(後者三名は休職は格好がつかないとして辞職した)。東郷の毅然とした措置に、省内の統制は回復したという。

対米交渉について、豊田から東郷には、簡単な引き継ぎがあっただけだった(もっとも、これは外務省の慣例でもあった)。豊田によれば、交渉の唯一の癌は撤兵問題であり、三国同盟と無差別原則については、既にアメリカは了解済みのはずだった。ところが、日を経ずしてこの二問題についても、アメリカの態度が強硬なことが明らかとなってきた。東郷は、このような悪条件のなかで、外交による事態の打開をめざしたのである。

賀屋の蔵相就任

大蔵官僚出身の賀屋は、北支那開発会社（日本が占領している華北の経済開発のために設立された国策会社）の総裁をつとめていた。一七日、たまたま社債募集のために帰国していたところに、東条の入閣要請を受けたのである。

賀屋によれば、入閣に際して東条に、①戦争の要否と外交交渉への意欲、②統帥部抑制の意図の有無、③イデオロギー政治の排除、の三点について確認したという。東条は外交交渉を誠意をもって実施することと、統帥部を政府の意図に従わせることを明言し、政治からイデオロギーを排除すべきとする賀屋の主張に賛成したという。賀屋は近衛に電話で相談し、翌朝になって入閣を了承した（賀屋興宣「戦時の財政」『語りつぐ昭和史　2』朝日文庫　90年）。

このように、東条内閣には、重要閣僚の二名が外交交渉推進を条件として入閣した。海軍が従来の方針を貫けば、開戦の決意は不可能だっただろう。しかし、国策再検討の結果、日本は開戦に大きく傾斜して行く。それは一体なぜだったのだろうか。

天皇の影響力行使

日本が開戦への道を進んでいった経緯を辿ると、そのような結果を招いた国策再検討の問題点が浮き彫りになってくる。

天皇から国策再検討を命じられた東条首相は、早速その作業にとりかかった。問題は「白紙還元」されるべき「国策」の内容である。対米英戦の成算に疑問を持つ勢力にとって、それは戦争という選択肢であった。しかし、開戦を有利とする者たちからは、清算されるべき選択肢は、外交交渉そのものだったのである。

そもそも、一〇月一七日に天皇が再検討を命じた相手は、東条と及川、つまり政府に対してのみであった。要するに、統帥部に対しては、天皇の影響力が直接的に行使されないままだったのである。実は、天皇からの掣肘を最も警戒していたのは、まさにその参謀本部の中堅層であった。

東条への大命降下が明らかとなる直前、参謀本部は天皇を説得するため、撤兵反対の上奏文を作成して待機していた。参謀本部二十班の幕僚は、天皇から「若し戦争を止めよの御言葉ありたる時」に、杉山参謀総長が強硬姿勢を貫けるかどうかを心配していたのである（『機密戦争日誌』）。そのような場合、永野軍令部総長は職を賭して戦争の断行を訴えるという情報も、参謀本部に入って来ていた。二十班は「軍令部総長は一切海軍省と連絡することなく断乎信ずる所を行うべしと云いありと　大いに可」と感想を記した（同右）が、彼らの状況認識が如実に表現されている。陸軍省も、同様の上奏文を武藤の発想で起草していた。しかし、東条は「天子様がこうだと云われるならハイと云って引き退る」と、はねつけたという（『石井回想』）。

ここで指摘できるのは、天皇の影響力行使は、当時でも想定の範囲内だったこと、そして、それが発動された場合、当の陸軍は自分たちが掣肘される可能性が高いと考えていたことである。仮に、そうなった場合、開戦決意は非常に難しくなっただろう。しかし、天皇はそれ以上の影響力を行使することを避け、あくまでも従来の政策決定の枠組みに則った、輔弼の臣による再検討に下駄を預けたのである。

硬化する統帥部と国策再検討の開始

東条首相を中心とする再検討に対し、参謀本部は当初から冷淡な態度をとった。そもそも、対米交渉に「目途」なしとして倒閣に及んだのは、他ならぬ東条その人である。しかも、彼の論法は、九月六日の御前会議決定を遵守するという、形式主義的なものであった。論理的には、その張本人が再検討の主役となること自体、大いなる矛盾である。

参謀本部は塚田攻《おさむ》参謀次長を筆頭に、交渉打ち切りでまとまっていた。一〇月二一日、わずか三日間の検討を経ただけで、参謀本部は外交交渉を一〇月末まで継続することを容認した。期限まで残すところ僅か一〇日。実質的な交渉打ち切り、即時開戦決意の表明であった。

しかし、いったん交渉の期限を議論すれば、期限の問題を政治的なすり合わせの対象とせざるを得なくなる。即時決意の腹だった参謀本部としては、皮肉な結果となったのである。

再検討に関する連絡会議は、一〇月二三日から三〇日にわたり、ほぼ連日開催された。東条は天皇の要請に応えるべく、公平な立場から議論をまとめようとした。それまでの抵抗勢力の長という立場から、政局全体に対する責任を負う立場へシフトしたのである。参謀本部からは「東条

「変節」の声が聞こえはじめる。東条の組閣を提案した木戸の奇策は、功を奏したかのような状況となった。

このような状況で、統帥部は終始その強硬論を変えることなく、政府に圧力を加え続けて行った。注目すべきは、参謀本部の要請によって、塚田参謀次長が連絡会議に列席を許されたことである。部内からは必ずしも高い評価を受けていなかった塚田だが、再検討の過程では持ち前の頑固さで杉山総長を凌ぐ影響力を発揮することとなった。

それでは、どのような課題が再検討されたのだろうか。検討項目は、左記の通りである。

一　欧州戦局の見通し
二　対米英蘭戦争の場合の初期、数年後までの作戦的見通し
三　開戦の場合の北方（ソ連）への見通し
四　対米英蘭戦争における開戦後三年にわたる船舶の徴傭量と損耗量
五　四の場合の民需用船舶輸送力と主要物資の需給見込み
六　対米英蘭戦争における予算規模と金融的持続力判断
七　開戦の場合にドイツとイタリアに約諾させ得る協力の程度
八　オランダのみ、イギリス・オランダのみに戦争相手を限定できる可能性（蘭一国論、英蘭二国論＝英米可分論）
九　戦争発起を一九四二年三月にした場合の、対外関係、主要物資の需給見込み、作戦上の利害。

これらを考慮した場合における、最適の開戦時期。戦争を放棄し人造石油増産等による現状維持の能否、利害判断

一〇　対米交渉続行の場合、前回御前会議決定の日本側要求を貫徹できる可能性、日本側譲歩による妥協の可能性とその当否。一〇月二日付米側要求を全面受諾した場合の日本の国際的地位、とくに中国における地位の日中戦争前との比較

一一　対米英蘭開戦が重慶（蔣介石政権）に与える影響

三〇日の段階で結論に達したのは、一、二、三、六、七、八、九、一〇の一部、一一のみであった。一一月一日までもつれ込んだのは、戦争の基盤となる資源輸送問題（四、五）、そして外交交渉の日本側条件についてであった。まずは、比較的容易に合意することができた諸問題について解説しておこう。

欧州における戦局の見通し

第一項の欧州戦局について。日本はドイツ頼みで戦争を決意したという議論もある。しかし、再検討の結果は、ドイツに期待できることはほとんどないとされていた。当時、ドイツはイギリスとソ連を相手に戦争中であり、その行方を楽観視することは、常識のレベルで無理だったのである。英独戦、独ソ戦ともに長期戦化が予想されていた。では、ドイツをあてにせずに、日本独力で戦争に勝てると考えていたかと言うと、そうではない。欧州戦争の長期戦化は見通すものの、

再検討の結果は、ドイツの不敗態勢構築が期待されていた。ドイツが敗れるのに日本が単独で英米と戦うという選択はありえなかったからである。

そして、ドイツの不敗という想定を成立させるには、一つの重要な要素を排除しなければならなかった。それは、アメリカの欧州参戦の可能性である。「ドイツをあてにしてはならぬ」は東条の持論だった。その言葉とは裏腹に、ドイツの不敗態勢というドイツ頼みの大前提が、再検討の基礎に据えられていたのである。仮にアメリカの参戦問題を議論に組み込んだら、対英米戦争という選択肢は成立不可能になる。それが故に、アメリカ参戦の手前で思考を停止し、欧州戦争の長期戦化という曖昧な結論が導かれたのである。

次に、第二項、日本が戦争に踏み切った場合、どのような未来を予測したのだろうか。自信があったのは初期作戦のみで、長期戦化は不可避としていた。アメリカに対して武力で勝利する手段がないことを率直に認め、戦局は「有形無形の各種要素を含む国家総力」と「世界情勢の推移」によるしかないと結論した。有形の国家総力ではアメリカに対抗しようがないことは明白なので、論理的には無形の国家総力（つまり精神力）と世界情勢の好転をあてにするしかない。これも前項と同じくドイツ頼みの希望的観測が組み込まれ、逆の可能性は排除されている。希望的観測に根拠を置いた、判断停止の産物だった。

ソ連の動向と英米可分論の行方

世界情勢の推移で重要なのは、第三項、ソ連の動向だった。日本が開戦した場合、ソ連が対日積極行動を起こす可能性は少ないとされたが、アメリカが極東ソ連領の軍事基地を使用するケースが考えられた。もしそうなれば、日本列島がアメリカの重爆撃機の爆撃圏内にすっぽり収まってしまう。日本の都市の脆弱性を考えれば、一瞬で壊滅させられる危険性があった。さらに、南方作戦の長期化やソ連の内部的安定が回復した場合は、極東ソ連軍が対日攻勢に出てくることも想定していた。これらの場合、戦争の構想そのものが瞬時に崩壊し、日本は惨敗する。

にもかかわらず、この問題が戦争の帰趨を左右すると認識されている様子は窺えない。単に、陸軍が今や遅しと待ち構えていた対北方武力行使を正当化する論拠としてのみ扱われているのである。

結果的に、日本の敗戦直前までソ連は中立を守った。とはいえ、このような重大問題を判断材料から排除しない限り、戦争の目算は立たなかったのである。

前内閣（第三次近衛内閣）末期に提案された、蘭一国論、英米可分論の再検討は、どうなっただろう。この問題については、英米の出方と日本の作戦上の理由から、二重に否定された。既に米英蘭三国間で共同防衛の了解が成立していると、日本は観測していた。このため、仮に英（蘭）のみを攻撃した場合、アメリカがすぐに参戦しなくても、軍事的措置の強化による対日牽制は必定と考えられた。また、作戦の横腹を米（フィリピン、グアム）、英（マレー半島、シンガポール）にさらした状況で、蘭印を攻略し、資源を日本に輸送するのはリスクが大きかった。長大な補給ラインを横から衝かれれば、一瞬で勝負は決する。つまり、危険な要素を排除して少しでも有利な条件で戦いたいという希望が、アメリカという強大な敵との戦争を必然化したのである。

そもそも、奇襲作戦のメリットがなければ、攻勢作戦の成功は覚束ないと認識されていた。そのメリットを放棄してまで英米可分論や蘭一国論を展開することは、まさに反対の為の反対の議論に堕しかねなかったのである。

開戦延期論の否定

現実には、日本の真珠湾攻撃の直前、一二月五日にソ連の対独冬期攻勢が開始された。日本が開戦を延期していれば、そのまま戦争に突き進むことはなかったのではないかという推論も不可能ではない。では、開戦を一九四二年春まで延期した場合のメリットとデメリットは、どのように算定されたのだろうか。

開戦を延期した場合、国際環境的には有利となるが、作戦上は極めて不利となる、という判断が出された。外務省は、独ソ和平の仲介による対ソ外交の可能性、ドイツの近東方面への攻勢や欧州方面での積極化、アメリカの欧州参戦気運の増大（このためアメリカには内政・経済的問題が生じ、太平洋の兵力を大西洋に分割せざるを得なくなる）等が予想され、日本にとって状況は有利になると結論した。ところが、統帥部は米英蘭の軍事力増強が着々と進展して行き、戦争開始が延びれば延びるほど日本は不利になると判定したのである。

このように、太平洋でのアメリカの動向について矛盾する両論が併記されたが、統帥部が押し切った。国際環境上のメリットも、米英蘭の軍備増強と防備強化、そして南北同時戦の可能性

（春には日ソ戦が容易となるため）という作戦上のデメリットの前には、延期の方が有利との結論を導くことはできなかったのである。

アメリカの欧州参戦についての言及はあるものの、それが太平洋との関係においてのみ語られ、アメリカ参戦がドイツにもたらす影響が盛り込まれていないのは、第一項と同様の思考停止状況であった。

秀才集団・海軍の限界

英米可分論と開戦延期論、いずれも海軍が震源地となって、再検討項目に盛り込まれた。しかし、両者共に戦争を有利とする枠組みを崩すには至らなかったのである。なぜだろうか。

対米戦の主役は海軍であり、半年以上にわたって英米不可分論を主張して陸軍をリードし続けてきたのも、海軍だった。戦うなら早くと主張し続けてきたのも、他ならぬ軍令部であった。この二つの論点で開戦の論拠を崩すには、それまでの経緯を度外視し、自己矛盾に満ちた開き直りを演じなければならなかった。スマートさを自負する秀才集団の海軍に、そこまでの図太さを期待することは難しい。海軍は、ぎりぎりの局面で、鉄面皮に徹することができなかったのである。

そして、戦争計画の根拠となった海上輸送能力の問題でも、海軍の主張は迷走し、避戦を徹底することができなかった。

海上輸送能力

再検討の議論の核心となったのは、戦争遂行の根幹にかかわる問題、つまり南方資源輸送の成算に関するシミュレーション（第四、五項）であった。この問題も、前内閣末期に海軍から提案され、一度は陸軍に蹴られていた。

仮に初期作戦が成功して蘭印の資源地帯を確保しても、資源を日本に輸送して戦力化できなければ、長期持久戦態勢は画餅に帰してしまう。大井篤『海上護衛戦』（学研M文庫 01年）が描くように、現実の戦争の推移は、その道筋をたどった。輸送船舶が大量に撃沈され、日本は戦い続ける能力を失ったのである。

前述したように、九月六日の御前会議決定では、損耗率一〇パーセントという非常に楽観的な数字を採用し、この問題を処理済みにしてしまっていた（もっとも、一〇月六日の陸海軍の局部長会議では、福留軍令部作戦部長がその見通しを否定し、南方作戦には自信が持てないと説明したのだが……）。ところが、再検討が決定されるや、軍令部が年間損耗量を八〇～一一〇万トン（船舶量を六五〇万トンとすると、一二～一七パーセント）と判定する旨の連絡が参謀本部に入っている。このため、参謀本部二十班は「此くして決意は益々困難となるべし」と、前途を悲観していた（『機密戦争日誌』）。

一〇月三〇日までの再検討の議論の過程では、南方資源を確保した後の持久戦を可能とする意見が、コンセンサスを得られたわけではなかった。海軍が長期戦に確固たる自信を持っていないことが明らかとなり、賀屋蔵相や鈴木企画院総裁は、長期戦を支える物資の観点から疑問を呈していた。そもそも、統帥部と企画院が出してきた船舶損耗量と輸送力に関する数字が、それぞれ異なっていたのである。以下、少し細かくなるが、再検討の議論に沿って、海上輸送能力の問題を見て行こう。

造船量と船舶損耗量の検討

海軍の計算では、左の通りとされた。

徴傭計画（単位、万総トン）
総船舶六五〇（一〇〇総トン以上の船舶）、陸軍二一〇、海軍一六〇
損耗予想量
第一年　七〇　　第二年　六〇　　第三年　四〇
造船予想量
第一年　四〇　　第二年　六〇　　第三年　八〇

年を追うに従って、損耗量は減少し、造船量が増加している。制海権確保を前提とした希望的観測だった（現実には、損耗量が激増した）。さらに、この試算で輸送力を維持するには、輸送船舶建造に関するさまざまな優遇措置が採られることが前提となっていた。初期作戦が終了した開戦七ヶ月以降、陸軍の徴用船舶を九〇（万トン）まで減らすことや、資材の優先配当、輸送力・労力の優先取得等々である。先の軍令部の連絡は正式決定とならず、一割程度という従前の

損耗見込みで計画を組み立てていることがわかる。

とはいえ、造船予想量については、嶋田海相が連絡会議の席上で「若いものは楽観に過ぐ」として、ここで示した数字の半分程度と発言していた（『杉山メモ』）。嶋田がこの認識を貫けば、長期持久戦は机上の空論となり、開戦に踏み切ることはできなかっただろう。しかし、嶋田は後述のように開戦に傾斜していくこととなる。

そもそも、海軍が出した海上輸送能力の数字は、誰が算定したのだろうか。国の命運を決する重大問題である。主務の部署（喪失量は軍令部第一部第一課（作戦）と軍令部第三部（情報）、造船量は海軍省兵備局と艦政本部）による委員会を設置して検討するのが筋であろう。ところが、この数字は、出師準備を担当する軍令部第二部第四課（動員）の土井美二《よしじ》（海兵50、一九二二年卒）が、不充分なデータを使って、わずか数日間で計算したものだったのである（土井『私の見た太平洋戦争』私家版　75年）。

欠陥だらけの船舶損耗量算定

現実には、造船量については、海上交通が途絶する一九四五年まで想定を上回る造船量を記録した。しかし、問題は損耗量の方だった。ベースにしたのが、第一次世界大戦におけるドイツの通商破壊戦の戦例だったことが致命的だった。土井は、その数字に、潜水艦の能力向上、アメリカの潜水艦の量や、日本の船舶の回転率、潜水艦基地と作戦海域との距離等を勘案して修正したという。それなりの数的根拠は有していたが、当時においても現実とは遊離していた。なぜなら、当時ドイツは大西洋で潜水艦作戦を展開し、多くの戦果を挙げていたからである。この年の五月には月間三〇万トンの撃沈量を記録し、その後は漸減したが、それでも一〇月に一五万トン以上を沈めていた。新聞でも大きく報道されたドイツの戦果が、土井の耳に入らなかったはずはない。しかも、土井が見積った損耗量には、航空機による損害が計上されていないのである。

そもそも、なぜ主管ではない四課の土井が、船舶の需給見積りを計算したのだろうか。それは作戦課の神重徳《しげのり》大佐（海兵48、一九二〇年卒）からの依頼だった。土井によれば、神は御前会議が難航しているので根拠ある数字が欲しいと、土井に頼み込んだという。神は富岡定俊作戦課長と並ぶ軍令部の最強硬論者だった。土井によれば、この数字は多くの仮定を含んでいるため、慎重に取り扱うよう釘をさしたとされる（同右）。ただし、土井は神に劣らず強硬な蘭印攻略論者だった（『土井美二日記』防衛省防衛研究所所蔵）。このため、彼の証言を額面通りに受け取るわけにはいかない。持久戦を可能とする方向にバイアスがかかっていても不思議ではない。

結果的に、この数字を拠り所として議論が開戦に向かったことを考えると、海軍の責任は重大である。さらに、そもそも海軍には海上護衛という発想がなかった（大井、前掲書）。海上護衛を担当する艦種は海防艦だったが、海軍は海防艦（それも北方の海上警備専用に設計されたもの）を、当時わずか四隻しか保有していなかった。そして、開戦後の一九四二年四月に設置した海上護衛隊は、旧式駆逐艦一〇隻を寄せ集めた貧弱な部隊だったのである。

このような状況から見て、船舶損耗量の算定問題は、開戦決意（もしくは回避）の理由付けのための道具の一つに過ぎなかったとしか考えられない。海軍は、長期持久戦を戦う能力もなければ、対策を構想して実行する意志も薄弱だったのである。

曖昧な物資の需給予想

それでは、「物の予算」を司る企画院の見積りはどうだったのであろうか。再検討の当初、企画院は年間損耗見積もり約八〇万トン（陸海軍徴傭船四〇万トン、民間四〇万トン）、建造量は一六年度三〇万トン、一七年度五〇万トンという数字を出してきていた。先の嶋田による建造量（二一、三〇万トン）の説明を承けて、鈴木企画院総裁は、「国力の維持に不安」を表明する状況であった（『杉山メモ』）。

これに加え、軍備計画と軍需物資の関係も不明確であった。陸海軍共に膨大な予算を要求してきていた（概算で海軍九〇億円、陸軍一五〇億円）。ところが、その予算で購入可能な物資は日本国内に半分しかなかったのである。賀屋蔵相は「物が無ければ予算は出来ず」と陸海軍を牽制した。実は、資源関係の数字は水増しされていたという証言もある。その水増しの数字に希望的観測を加え、やっと成り立った戦争遂行能力だった。まさに、無理に無理を重ねた数字だったのである。

陸軍は、物資の不足を開戦不能論の根拠に使われることを避けようとした。連絡会議では、南方への資材は対ソ戦備の一部に過ぎず、これまでの予算の六割を軍需品として備蓄している（東条）、算盤通り物が無いから戦争ができぬということはない（杉山）と繰り返したのである。塚田参謀次長に至っては、連絡会議で説明された企画院による物資関係の見積もりを理解できず、戦争指導班の参謀に「よくわからなかったから、研究しておけ」と書類を渡したという（種村佐孝『大本営機密日誌』芙蓉書房　85年）。開戦を最も強硬に主張する参謀本部が、この程度の認識だったのである。

このような状況を確認すると、再検討で長期戦が可能かどうかの議論が厳密に詰められていたとは言い難い。戦争に踏み切るか、外交交渉に望みをかけるか、それとも「臥薪嘗胆」（戦争せずに風向きが変わるのを待つ）で行くか。結論がどう転んでも不思議ではなかった。ところが、連絡会議の空気は開戦やむなしの方向へと動き出す。それを導いた要因は、

① 臥薪嘗胆論への不安
② 対米交渉の困難さの再認識
③ 鈴木企画院総裁の転向と嶋田海軍大臣の開戦決意

の三点である。

「臥薪嘗胆」という選択肢

再検討がほぼ終わった一〇月二九日、陸軍省軍務局の石井秋穂大佐（陸士34、一九二二年卒）は、「理論上戦争の外なき旨に結論が出たも同様」と日記に書き付けた（『石井秋穂日記』防衛省防衛研究所所蔵）。石井は対米英（蘭）戦争の前途がけっして明るいものではないことを知悉し

ていた。なぜ彼が戦争以外にないと判断し得たのだろうか。それは、臥薪嘗胆や対米交渉という選択肢が、開戦に比較して暗い未来像しか提示できなかったからである。

臥薪嘗胆の場合、全面禁輸が継続する以上、日本への資源的なインプットはない。海軍からは、航空機用ガソリンは三四ヶ月、自動車用は二六ヶ月でゼロとなると説明された。頼みの綱とばかりに大慌てで立案された人造石油（石炭液化）計画も、日本の技術力では急場をしのぐことが不可能だった。年産四〇〇万キロリットルの生産施設を整備するのに三年、予算が二一億円、鉄一〇〇万トンに石炭二五〇〇万トンが必要と試算された。しかも、これを実行に移すには、国による強権発動と海軍軍備の拡充停止が不可避となる。海軍に、軍備拡充を放棄してまで人造石油の生産に踏み切る覚悟はなかった。さらに、不足する油は質量ともに人造石油だけではまかない得なかったのである。結局、再検討の過程で人造石油計画は放棄される。

供給がゼロとなれば、話は単純である。現在のストックを食いつぶした後では、戦うことなく屈することになってしまう。その段階で、アメリカが現在よりも緩和した外交条件を日本に提示してくることは、想像し難かった。まして、アメリカから攻められたら戦うこともできずに降伏するしかない。

臥薪嘗胆という選択肢は、現状で日本が計測しうる不確定要素が少ない分、結論も明確だった。かと言って、対米交渉に期待が持てるかというと、日本側が譲歩しない限り不可能という判断で全員が一致していた。そして、東郷外相以外のメンバーは、アメリカの提案を鵜呑みにすれば、日本は三等国になるという判断で一致していたのである。

このような明白なマイナスイメージに比較すれば、南方攻略による資源培養戦という選択肢は、前途にかすかな希望を抱かせるものであった。もちろん、それは先に検討したように、思考停止と希望的観測の産物だった。

しかし、他の選択肢に比較して、戦争がよりましな未来像を提示できたとしても、全ての政治勢力が納得しなければ、開戦決意は不可能である。そして、賀屋蔵相は、船舶と鉄の問題について、さらに検討する必要性を主張していた。東郷外相も、中国から撤兵するほうが経済的にも有利との持論を崩さなかった。このため、即時開戦論だった参謀本部二十班は二九日の連絡会議が終了した後、「今迄の所、大勢は有利」としつつも、その判断は石井とは異なっていた。日米交渉妥結の可能性以外は「全部結論に到達」したものの、肝心の「目途ありや否やの問題に至らず」、つまり、開戦有利との判断にはコンセンサスが得られていないと判断していたのである(『機密戦争日誌』)。

鈴木企画院総裁の「転向」

この問題にけりをつけるべく動いたのは、避戦論に与するかにみえていた鈴木企画院総裁だった。鈴木は一〇月三〇日の連絡会議に、企画院の最終的な判断を提示した。それによれば、民需用三〇〇万総トンの船舶確保が昭和一六年度物動レベル維持の最低ラインとされた。消耗船舶は年間一〇〇万総トン~八〇万総トン。ところが、企画院の説明では、年平均六〇万総トン内外の船舶を新造すれば三〇〇万総トンの確保が可能で、そのためには鉄三〇万トンが必要とされていた。この計算だと消耗量が新造量を大きく上回っており、船舶量の維持は不可能である。海軍の試算と同様に、二年め以降の損害量が大きく減少するという仮定が含まれなければ、企画院の試算は成り立たない。開戦は国内問題に過ぎないとうそぶいた鈴木ならではの説明だった。

にもかかわらず、賀屋と東郷は企画院の説明がはらむ矛盾を追及し切れなかった。しかし、賀屋は鉄と船舶の供給に不安を示す。海軍の建艦計画が毎年一〇〇万トンを超える鋼材を要求することを企画院が知ったのはこの場であり、今後の鋼材生産力の想定（四五〇万トン／年）では対応しきれない可能性が高かったからである。賀屋は東郷とともに、結論を出す会議を翌三一日に開催することに抵抗した。結局、もう一日をおいた一一月一日に会議を開くことで合意する。

参謀本部は、この三〇日の会議の状況を、強硬論を展開したのは参謀総長と次長だけで、「孤立無援」になったと総括していた（『杉山メモ』）。参謀本部の目には、東条は陸相として参謀本部に同調するよりも、首相として政府側と参謀本部の意見を折衷する態度をとっていると映っていたのである。再検討の行方は予断を許さない状況であった。しかし、一一月一日の連絡会議を前にして、決定的な変化が訪れた。それまで判断を保留していた嶋田海相が、開戦やむなしと決心したのである。

伏見宮の圧力と海相の開戦決意

そもそも、対米戦の実質的な担当者であった海軍が避戦を堅持すれば、戦争はあり得ない。軍令部は、戦うか戦わないかは別として、作戦実施の関係から、早期の決断を以前から要求してきていた。
さらに、嶋田海相に強力な圧力が加えられた。前軍令部総長で当時海軍唯一の元帥だった伏見宮博恭王からの早期開戦勧告である。二七日、伏見宮は嶋田に対し「速に開戦せざれば戦機を失す」と、プレッシャーをかけたのである（『嶋田繁太郎日記』防衛省防衛研究所所蔵。以下『嶋田日記』とする）。

伏見宮の開戦論については、既に数日前に蓮沼侍従武官長から嶋田に情報が入っていた。蓮沼によれば、伏見宮は天皇に即時開戦決意を奏上し、逆に天皇から詰問されたというものであった。しかし、伏見宮が嶋田に直接語ったところでは、天皇は外交交渉への努力は必要だが「結局一戦避け難からんか」と、戦争もやむを得ないとする態度だったというのである（『嶋田日記』）。この日の『嶋田日記』のタイトルが「陛下の御決意」と記されていることからも、嶋田が伏見宮の言葉を真に受けた可能性が高い。

果たして、天皇はこのような言葉を伏見宮に伝えたのだろうか。もしくは、天皇が伏見宮にそう受け取られるような表現をしたのだろうか。その可能性は低い。伏見宮の拝謁は一〇月九日であった。ちょうど日米巨頭会談に対するアメリカの拒否回答が届き、開戦論が台頭してきた時期である。天皇は、そのような動きに対してフラストレーションを募らせていた。近衛首相（当時）に対し、杉山参謀総長を更迭して後任に東久邇宮はどうかと尋ねたり、外交交渉を行ない戦争すべきではないと明言していた。さらに、杉山参謀総長に対して和平成立の場合の動員中止を再確認させていたのである。木戸内大臣によれば、天皇は伏見宮の早期開戦の建言に「痛く御失望」された様子だったという（『木戸幸一日記　下』）。

これらの状況から判断すると、天皇が伏見宮と会った九日の段階で対米戦を容認していたとは考えにくい。つまり、伏見宮が自らの開戦論に重みを与えるために、天皇の言葉を恣意的に利用（もしくは創作）した疑いが強い。

加えて、嶋田にとって伏見宮は、単なる宮様や元帥以上の存在だった。嶋田は伏見宮からの信頼が厚く、その庇護の下で異例とも言える出世街道を歩いてきた人間だったからである。海軍OBであり海軍研究の第一人者であった野村實は、「伏見宮の早期開戦勧告が、海相の心にどのような影響を及ぼしたかは、想像に余りがある」としている（『戦史叢書91　大本営海軍部・連合艦隊〈1〉』）。

一〇月三〇日の連絡会議が終了した直後、嶋田海相は沢本次官と岡軍務局長に開戦決意を披瀝した。

戦争回避の説得と嶋田の拒絶

この頃、嶋田に対しては、内外問わず周囲から避戦の説得が試みられていた。東郷外相は、海軍の強硬態度を是正すべく、海軍長老陣の影響力行使に期待をかけていた。海軍の重鎮である岡田啓介元首相のもとに彼と懇意の外務官僚加藤伝次郎を派遣して海軍首脳部の説得を依頼し、岡田は吉田善吾元海相や兵学校時代に嶋田の同期だった堀悌吉等を通じて説得工作を試みた（『時代の一面』）。吉田は嶋田と永野に忠告した（『帝国海軍　提督達の遺稿　上』）。

また、山本五十六連合艦隊司令長官は、同期の嶋田宛に書簡を送り、聖断による戦争回避を訴えた。山本の書簡は、先の伏見宮との会見と相前後して到着していた。

三〇日に開戦決意を披瀝された沢本次官は、仮に日本が臥薪嘗胆を続けても、歴史的にも現在の国情からもアメリカ海軍が先制攻撃してくる可能性は低い、と説得を続けた。これに対して、嶋田は次官の保証など意味がない、もし海軍が動けなくなってからアメリカに攻められたら自分が腹を切るのは当然だが、海相ひとり腹を切って済む問題ではない、と叱責したのである（『沢本日記』）。

その直後に開かれた定例の軍事参議官会議は一時間半に及び、軍事参議官（及川、吉田らの海相経験者と軍令系の重鎮がメンバー）からは、出来るだけ戦争に導かないようにという意見が出された。

会議後、部内からは沢本次官に伊藤軍令部次長も加わり、嶋田の説得に努めた。沢本は、中国からの撤兵条件の緩和を提案した。しかし、連絡会議で対米交渉案（のちの「甲案」）をまとめた直後だった嶋田は、「陸軍二〇万の生霊」を引き合いに出して難色を示したのである（同右）。

このままでは戦争の可能性が高いと見た沢本は辞意を表明した。しかし、嶋田は次官というものは二年は勤めるものだと慰留し、その後の沢本のポストとして連合艦隊司令長官という破格の地位をちらつかせて反対を封じ込めたのである。野村は、この過程を海軍の限界を示した事例として、悔恨をこめて評している（野村實『山本五十六再考』中公文庫　96年）。

分裂状態だった対米作戦構想

それでは、海軍は、どのような戦略のもと、対米戦に踏み切ろうとしたのだろうか。実は、海軍には戦争全体を見通した戦争計画がなかった。海軍にあったのは、単なる作戦計画の寄せ集めに過ぎなかったのである。海軍の作戦構想は、

① 中国や南方資源地帯の防衛を担っている敵艦隊と航空兵力の撃滅
② 南方資源地帯の占領確保
③ 敵艦隊（米太平洋艦隊）の撃滅と敵の戦意の破砕

と、両論どころか三つの目的が並べられていた。

この①と③を同時に達成しようとしたのが、山本連合艦隊司令長官のハワイ真珠湾攻撃だった。長期戦になったら日本に勝ち目はない。まず開戦と同時にアメリカ艦隊を徹底的に叩くことで勝利の可能性を見いだそう、山本はこう考えたのである。そのため、山本はほぼ全力にあたる航空母艦六隻をハワイ作戦に投入することを強硬に主張した。

しかし、艦隊決戦こそ勝敗を決するという発想に凝り固まっていた軍令部は、ハワイ作戦を「投機的」として反対していた。図上演習では、日本の攻撃部隊はハワイに近づく前に発見されて手痛い打撃を蒙る結果となっていたからである。さらに、手持ちの空母のほとんどをハワイに投入したら、②の南方攻略作戦は空母なしで実行しなければならなくなる。

辞意をちらつかせる山本に折れた形で軍令部がハワイ作戦を認めたのは、ちょうどこの頃、国策再検討がおこなわれていた一〇月下旬のことだったのである。ところが、軍令部はおろか、ハワイ作戦を指揮した南雲忠一第一航空艦隊司令長官（海兵36、一九〇八年卒）にも、山本の考えは浸透していなかった。彼らは、ハワイ作戦を従来の漸減作戦（主力艦による艦隊決戦が起こる前に、航空機や潜水艦などの補助兵力で敵の主力艦隊を減らしておく）の一環と捉えていたのである。つまり、南方攻略作戦が成功するまでハワイの米艦隊が出てこられなくすればいい、勝負を決する艦隊決戦はその後だ、これが山本以外の一般的認識であった。両者の齟齬は真珠湾攻撃が成功した直後に露呈される。攻撃部隊はハワイを徹底的に叩いて戦果を拡張することなく、早々に帰投したのである。

しかし、山本にしろ軍令部にしろ、連絡会議での議論とは全くかけ離れた構想を抱いていたことには驚かされる。永野軍令部総長は、アメリカが短期決戦を挑んできたら望むところだが、そうはならずに長期戦化すると再三繰り返していたのである。だったら、どのように長期戦で勝利するのか、そのためにどんな軍備が必要なのか。実は、海軍にはそのような発想自体がなかったのである。このことは、当時の軍備計画を見れば歴然となる。

時代遅れの建艦計画

主力艦の建造量に制限を課していたワシントン海軍軍縮条約と、補助艦を制限するロンドン海軍軍縮条約は、ともに約五年前の一九三六年末をもって失効した。無条約状態となれば、国力の差が軍備に直結する。アメリカが有利になるのは当然の成り行きだった。しかし、日本は軍縮条約における保有量の制限比率（主力艦・大型巡洋艦を米五：英五：日三）にこだわって、大枠の制限を取っ払うことを選択したのである。対米七割の艦艇を保有しなければアメリカに太刀打ちできないというのが、海軍の主張の根底にあった。そして、海軍の軍縮条約脱退派は、戦艦大和のような特徴的な軍備によって、日本は優位に立てると信じていた。仮にアメリカが対抗して巨艦を建造してもパナマ運河を通れないため、アメリカの主力艦は大西洋と太平洋に分散されると見込んでいたのである。

ところが、世界情勢の緊迫化に伴い、アメリカは続々と大規模な建艦計画を立案した。一九四〇年六月に第三次ビンソン案を、僅か一ヶ月後の七月には両洋艦隊法スターク案を成立させた。スターク案は一九四一年から四六年までの六年間で二五七隻一三五万トンを建造し、海軍艦艇をプラス七割、海軍機を一万五千機まで、それぞれ増強しようという計画だった（『戦史叢書31 海軍軍戦備〈1〉』朝雲新聞社 69年）。アメリカは、大西洋と太平洋の両洋で、圧倒的な優位に立つことをめざしたのである。青天井の建艦競争が始まったら、日米の勝負の結果は明らかだった。

日本海軍は第三次ビンソン案に対抗する⑤《まるご》計画をたてたが、なんとかプランに目鼻がついたのが一九四一年の秋、つまりこの頃であった。⑤《まるご》計画は、大和型戦艦三、新型超巡洋艦二、航空母艦三を中心とする合計一五九隻、約六五万トンの計画で、これすら国力を考えれば机上の空論であった。スターク案に対抗する⑥《まるろく》計画（戦艦四、超巡洋艦四、航空母艦三、巡洋艦一二など合計一九七隻、八〇数万トンの計画と推定されている）に至っては夢物語に過ぎず、具体化することなく消え去ったのである。しかも、これらの計画は、単にアメリカが軍艦を造るから日本も対抗して造るという発想だった。日露戦争における日本海海戦（一九〇五―明治三八年）の勝利に範をとった艦隊決戦思想から、一歩も出るものではなかったのである。

一九一四（大正三）年に始まった第一次世界大戦では、ユトランド沖海戦のような大規模な海戦が発生したものの、戦局には何の影響ももたらさなかった。死命を制したのは、海上交通の確保、すなわち海上護衛戦だったのである。日本でも、このことを指摘した海軍軍人はいたが、その後の海軍政策には生かされなかった。⑤計画《まるご》での海防艦の建造予定も、わずか四隻に過ぎなかったのである。もちろん、海軍が海上護衛を全く軽視していたわけではなく、開戦直前に海防艦三〇隻の建造計画を決定した。ところが、竣工までに半年も必要としない筈の海防艦の一隻めが完成したのは、開戦から約一年四ヶ月が過ぎた一九四三年三月末のことであった（海上護衛に関する最新の研究は坂口太助『太平洋戦争期の海上交通保護問題の研究』芙蓉書房出版　11年、を参照）。

このように、長期戦を予測しながら、その対策は旧態依然、作戦構想もバラバラのまま並立しているというのが、海軍の実情だったのである。

短期決戦の誘惑

それではなぜ、一部の海軍中堅層は、対米開戦を主張したのだろうか。実は、彼らがこだわった主力艦の比率は、この頃が一番有利だった。一〇隻の戦艦に加え、巨大戦艦大和の竣工が間近だった。アメリカは一七隻の戦艦を保有していたが、大西洋と太平洋に二分されていた。しかし、時を経ればアメリカは続々と軍艦を就役させてくるので、日本は不利になる。それならば今のうちに戦争しようという発想だった。今しか戦えないという海軍の焦りは、物資のみならず軍備にも根拠があったのである。

しかし、ほんの少し長期的な視点をもてば、仮に現有戦力で日本が短期的な勝利をおさめたとしても、数年後には圧倒的な大兵力を揃えたアメリカに惨敗する可能性が高いことに、思い至るはずである。戦うならば、最も条件が有利な時に戦いたい、作戦担当者がこのような作戦至上主義に陥るのは当然の側面もあるが、問題は長期的視野に立ってそれを抑える政治の力が欠けていたことだった。

海軍が戦争やむなしと決意したことは、開戦三年め以降の戦局に対する判断を放棄したことと同意義だった。後述するように、永野軍令部総長は開戦三年め以降の見通しは不明という態度をとり続けていた。

嶋田海相が、永野に同調して思考停止したことは、何を意味するだろうか。それは、英米可分論や船舶損耗量の見直しのような、それまでの海軍の立場を揺るがしかねず、かつ周囲との軋轢が予想される戦争回避策を避けた、ということである。つまり決定回避の対象が開戦ではなく、目前の重圧(しかも海軍にとっての)に向けられたのである。そして、三年め以降は不明という戦争見通しは、海軍の立場を守るうえでも有効だった。開戦という選択肢の評価は、三年め以降にしか判明しないからである。海軍は組織的利害《セクショナル・インタレスト》を優先し、自らが戦争の行方を判断することを放棄した。一方、山本五十六率いる連合艦隊は黙々と戦争準備を進めたのである。

物資優先配当を要求した海軍

嶋田海相が開戦を容認した後、海軍は外交交渉に期待をかけながら、対米軍備拡充の実現に力を注いだ。対米戦に日本の全国力を集中することが、政府や統帥部の共通了解となっていたわけではなかったからである。

三国同盟が締結された前年九月、海軍は三国同盟が対米戦へと発展する懸念から、海軍軍備の充実を政府に要求していた。陸軍も一定の理解を示したものの、それには陸軍軍備の充実に影響を及ぼさない限り、という留保がつけられており、リップサービスの域を出るものではなかった。先に見たように、国策再検討でも、対ソ戦の危険性が再三にわたって強調されていた。もちろん、それは陸軍軍備確保の観点からだった。避戦論だった伊藤軍令部次長は、アメリカと戦争するには⑤《まるご》、⑥《まるろく》計画の実行が不可欠と政府に提示することで、戦争の不可能性を印象づけようとさえ、部内に話していたのである（『沢本日記』）。

日本の命運を決める一一月一日の連絡会議に向け、海軍は重要物資の優先配分を獲得する条件闘争へと方針を転換した。嶋田海相は、開戦を決心した直後の三一日夜、東条に必要物資の要望を提示した。⑤《まるご》計画を実施するには、普通鋼鋼材を例にとれば一六年度一三五万トン、一七年度一四五万トンが必要であった。ちなみに一六年度物動計画における海軍への配当は九五万二〇〇〇トンに過ぎなかった。その他アルミニウム、ニッケル等も海軍への優先配当を要求していた。

だが、この段階で、海軍は公式には開戦決意を披瀝していなかったのである。参謀本部中堅層は、海軍の要求を、単なる資材分捕りではないかと疑い、怒り心頭だった。『機密戦争日誌』には「陋劣唾棄すべきや言語に絶す」「乞食の如き物乞」等、激しい言葉が書き連ねてある。

しかし、海軍側からすれば、陸軍こそが、やるかやらないかわからない対ソ戦のために膨大な資材を浪費していた。既に、関特演に伴う動員で、関東軍は空前の規模まで拡大されていた。日中戦争の全面化以来、政府は特別会計を組み、巨額の臨時軍事費を使っていた。ところが、それらは全てが直接の戦闘行為のために使われていたわけではなく、先の東条発言のように、半分以上は陸軍軍備の改良や物資のストックのために投入されていた。このような台所事情は海軍も同じであった。陸海軍ともに同じ穴のムジナであり、だからこそ陸軍の怒りは極度に昂進したのである。

ともあれ、国運を決するぎりぎりの段階において、海軍は不都合な未来像から目をそらし、その組織的利害《セクショナル・インタレスト》の世界に立てこもったのである。

アメリカとの外交交渉を成功に導くには、思い切った譲歩案をまとめることが不可欠だった。しかし、最大の抵抗勢力だった陸軍は、中国からの撤兵に反対していた。近衛は日米巨頭会談というトップ交渉と、迅速な天皇の裁可というやり方で陸軍の抵抗から逃れようとしたが、肝心のアメリカが乗ってこなかったため失敗におわった。その後の譲歩案作成の試みも参謀本部の反対によって挫折し続け、ついに第三次近衛内閣は崩壊へと追い込まれた。

これらの経緯を考えれば、新たな譲歩案の作成がいかに困難だったか、想像に難くない。さらに、東条内閣の組閣にあたって天皇から国策再検討が命じられたものの、それは政府に対してのみであり、統帥部は再検討の必要性すら感じていなかったのである。

加えて、アメリカの態度も硬化していた。東郷外相は豊田前外相から、懸案は中国からの撤兵問題を残すのみで、無差別原則や三国同盟に関してはアメリカ側の合意が得られているとの引き継ぎを受けていた。しかし、アメリカが、この三懸案すべてにおいて更なる譲歩を日本に求めていることが明らかとなったのである。

要するに、この段階で日米の対立は原則的なレベルに達してしまっており、具体的な譲歩で解決することは非常に困難であった。第三次近衛内閣が崩壊した原因は撤兵問題ただ一点のみだった。このことを想起すれば、さらに原則的な問題が二つも加わっては、交渉成立は不可能と考えるのが普通だろう。

しかし、東郷外相は、前内閣ではなし得なかった譲歩案（甲案・乙案）の作成に成功したのである。まず、日本側譲歩案の内容をみてみよう。

前内閣での対米条件との比較を135ページの表2にまとめてみた。前内閣では、既得権を守ろうとする参謀本部と、それを超えた撤兵を実現しようとする外務省の間で激しいせめぎあいが展開した。参謀本部は汪兆銘政府と締結した条約および秘密協定で確保した駐兵条件を主張し、外務省は今後あらたに中国との間に結ばれる条約に委ねようとした。前内閣では参謀本部が押し切ったのに対し、今度は外務省の主張が採用されたのである（A）。そして、中国からの撤兵を強く印象づけるため、二年以内に完了というスケジュールも盛り込まれた（B）。

撤兵の例外とされる駐兵（駐留）地域について（C）は、陸軍に変更はなかったが、海軍は厦門その他の島嶼を放棄し、海南島だけに要求をとどめた。しかし、これら例外地域の駐兵（駐留）期間は「所要期間」という曖昧な表現のままとされていた。

駐兵期間について、連絡会議では一〇月二九、三〇日と激論が戦わされた。結局、アメリカ側から質問が出た場合にのみ、二五年と説明するということに落ち着いたのである（D）。当初、参謀本部は期間の設定に強硬に反対したが、東条が「永久に近い言い表わし方」で年数を入れることを提案し（『杉山メモ』）、これに従ったのである。議論の途中で九九年、五〇年という意見も出たことは、陸軍が撤兵する気などなかったことを如実に示している。塚田参謀次長は、年数を入れるような「弱気」を見せることに反対したが、陸軍は一〇年でもアメリカは受け入れないと認識していた。大幅な譲歩を余儀なくされた陸軍にとって、駐兵条件における期間の設定は、交渉妥結のためではなく、その決裂のために仕込まれた毒針であった。

無差別原則については、その適用範囲を中国を含む太平洋全域まで拡大した（E）。参謀本部は猛烈に反対したが、永野軍令部総長が唐突に「太っ腹を見せてはどうか」と外務省に助太刀し、アメリカが懸念を示していた「南西太平洋」（中国を含まない）という文言から「南西」を削除したのである（『杉山メモ』）。しかし、この画期的な譲歩も、無差別原則の全世界への適用という実現不可能な条件が付され、その効果は期待薄のものとなってしまった。

三国同盟に関して（F）は、日本側が自衛権の解釈をみだりに拡大することはないこと（アメリカが対独参戦しても日本は参戦しないという意味）を更に明瞭に説明することとされた。

仏印については、日本が仏印の領土主権を尊重することを追加した。さらに、仏印からの日本軍の撤兵条件を、それまでの「太平洋地域に於ける公正なる平和確立」に加え、日中戦争解決や「公正なる極東平和の確立」まで拡大したのである（G）。

東郷の交渉戦略とは

このように、一定の限界があったとはいえ、東郷は、九月二〇日に正式決定された「日米了解

表2

	「日支和平基礎条件」および「日米了解案」（九月二〇日）	「甲案」	杉山による参謀本部内への説明	「乙案」（一一月五日御前会議決定案）での関連項目
A 中国からの撤兵の条件	汪兆銘との既存の条約	新たに蔣介石と結ぶ条約	今まで通り	
B 期間	以下を除き「事変」解決に伴い撤退	以下を除き和平成立と同時に撤兵開始、2年以内に完了	今まで通り	
C 駐兵範囲	内蒙・北支の一定地域、海南島、厦門、その他の島嶼	北支・蒙疆の一定地域、海南島	今まで通り	
D その期間	所要期間（規定なし）	和平成立後「所要期間」（25年を目途）	外交上の応接として25年と応酬	
E 無差別原則	南西太平洋（中国は含まず）への適用。日中間は自然的特殊緊密関係原則との併記	太平洋全地域（中国を含む）に適用（全世界への適用を条件）	「全世界に適用」の条件付きで「南西」を削除	必要に応じ、甲案を挿入
F 三国条約の解釈・履行	防護と自衛の見地により行動。自主的に行う	自衛権解釈を拡大する意図なし。自ら決定し行動する	従来通り、変更せず	必要に応じ、甲案を挿入
G 仏印	仏印から近接地域に武力進出しない。太平洋の公正な平和確立後、撤兵	領土主権尊重。日中戦争解決か公正な極東平和確立後、撤兵	今まで通り	基礎条件と同。必要に応じ乙案成立後に南部から北部への移駐を約す
H ハル四原則	主義上同意	正式妥結事項に盛り込むことは極力回避	主義上の同意も不可（東郷）	

案」よりアメリカに対して譲歩した案（甲案）を、成立に漕ぎ着けることが出来た。なぜ、これが可能となったのだろうか。

それは、海軍の協力に加え、東郷が譲歩案の成立に向け、周到な戦略を展開したからである。東郷の戦略は、一面強硬・一面妥協によるリーダーシップの掌握だった。強大な抵抗勢力に妥協を強いるわけだから、譲歩一点張りの案では無理である。このため、東郷はある局面では陸軍を凌ぐ強硬論を述べて、その毅然たる態度で一定の支持を調達し、別の局面で実質的な妥協案に了解をとりつけたのである。それは、具体的にはハル四原則問題において発揮された。

ハル国務長官は、日米交渉の間、いわゆるハル四原則（一、全ての国家の領土・主権の尊重。二、内政不干渉。三、通商の機会均等。四、平和的手段以外による太平洋の現状不攪乱）を一貫して主張し、日本側も「主義上」の同意を与えてきていた（H。裏を返せば、その適用には例外を設定したいというのが日本側の本音だったが、交渉を成立させようと「同意」の面を強調していた）。ところが東郷は再検討にあたって、無差別原則（通商の機会均等）以外の三原則を正式の妥結事項に盛り込むことに反対したのである。連絡会議の席上、東郷は前内閣の交渉ぶりを「丸でなって居ない」と、厳しく批判した（『杉山メモ』）。東郷によれば、四原則に同意を与えれば必ず実行が迫られ、それは最終的に満州国の否認にまで行き着くというのである。

東郷による前内閣に対する批判を、東条は嬉々として受け入れた。東条は一一月五日の御前会議の場で、前内閣は日米交渉妥結のために譲るべきでないところまでも譲ってきたのである、と得々と説明している。豊田外交との相違を印象づけたい東郷のレトリックに、東条が易々と嵌ってしまった様子が窺える。その後、このような東郷の毅然とした態度は、参謀本部の中堅層からも一定の評価を受けるようになったのである。

それでは、東郷は本心から四原則の危険性を認識して、その排除を主張したのだろうか。実は、そうとも思えない。一〇月二日のアメリカの回答には、残りの三原則に関する具体的言及はなかった。つまり、最重要問題は無差別原則だった。東郷は他の三原則に対する強硬姿勢をアピールすることで陸軍の注意をそらし、最も重要な無差別原則での譲歩案を成立に持ち込んだのである。

この段階での譲歩案は陸軍の反対により不徹底なものにおわったが、東郷が示したリーダーシップは、さらなる対米妥協案（乙案）の成立、そしてその後の対米交渉の過程で発揮された（第六、七章参照）。

対米交渉案の両論並立性

前内閣に比較すれば画期的な譲歩案が成立したものの、杉山参謀総長は部内に対米妥協案の内容を正確に説明しなかった。杉山は部内に対して、案の条文や議論は伝えたものの、きわめて限定的な解釈をとった（表2、「杉山による参謀本部内への説明」の欄を参照）。つまり、譲歩したのは無差別原則についてのみであり、他の論点については変更なしというのである（『杉山メモ』）。さらに、参謀本部は、無差別原則における譲歩を単なる表現の問題と考えていた。要するに、譲歩したという認識が全くなかったのである。

このように、この段階に至っても、対米条件について全ての政治勢力が納得していたわけではなかった。あいまいな両論並立状況が、まだまだ続いていたのである。

最後の決断　一一月一日の連絡会議

前回三〇日の会議終了の際、東条首相は、

一　戦争することなく臥薪嘗胆
二　直ちに開戦を決意し戦争によって解決
三　戦争決意の下に作戦準備と外交を併行

の三つの選択肢を提示し、これに従って結論を得たいと述べていた。

そして、国策再検討の結論を出す筈の連絡会議は、一一月一日午前九時に開始され、翌二日の午前一時過ぎまで続けられた。一六時間を超える審議の末、日本側の最終案が決定されたのである。

時計の針を連絡会議前に戻してみると、その直前まで、首脳間、各省庁、各部署間で打合せ、会談と根回しが活発に行われたことがわかる。

参謀本部は、第二案すなわち即時戦争決意が公式見解であり、前日に陸軍省にもその旨を伝えていた。東条は第三案、外交交渉がまとまらなければ、戦争に踏み切る立場だった。参謀本部の強硬論を部下から聞かされた東条は「へへん参謀本部は勝手に主張するがよい。自分は自分の考えで進みまする」と不機嫌そうに言い放ったという（『石井回想』）。

連絡会議に先立ち、一一月一日朝七時半から、東条陸相と杉山参謀総長が会談した。東条は前日に開かれた閣僚会談の状況を報告し、海軍、大蔵、企画院は第三案、外相は不明、自分は第三案を採用したい、と告げた。杉山は即時戦争決意の主張を繰り返した。東条は、それには天皇が納得しないと思われるが、統帥部の主張を止めはしないと突き放したのである。東条は各閣僚の支持を背景に、参謀本部をおさえ込む腹だった。前夜の閣僚会談の直後に、陸軍出身の鈴木企画院総裁のもとに佐藤賢了陸軍省軍務課長が東条の意を伝えるべく派遣され、連絡会議での奮闘を要請していたのである。

海軍は、海軍戦備充実のための条件闘争に転向し、先述のように膨大な物資の優先配当を要求した。海軍は三一日に一日がかりで今後の方針を作成した。戦争した場合の見込みは、三年め以降は不明。そのリスクは臥薪嘗胆より大なので、可能な限り外交交渉での妥結を望む。しかし、臥薪嘗胆や外交で打開不可能なら戦争もやむを得ない、という内容であった。必要物資の要求については、陸相・海相・企画院総裁連名の書類を用意する念の入れ方であった。

翌朝、連絡会議の直前にも、海軍首脳部の打ち合せが実施された。永野が、本日これを止めようと思っても不可能、来るべき所に来た、と諦観に満ちた態度をとれば、嶋田も、自分は何も知らずに飛び込んできたが、この情勢ではやむを得ない、最後は聖慮に依る、と応酬した。山本が嶋田に手紙で訴えた聖断による戦争回避構想は、顧られなかったのである。嶋田の議論は、天皇に下駄を預けかねない輔弼責任の放棄に等しい。

このように、参謀本部が即時開戦決意、陸軍省と海軍が外交交渉に期限を切って不成功ならば開戦と腹をくくっていた。これに反対していたのは賀屋蔵相と東郷外相だけだったのである。では、会議では、どのような議論がなされたのだろうか。

連絡会議での激論

連絡会議での議論の軸は二つ存在した。一つは、戦争と臥薪嘗胆のどちらが有利なのか、もう一つは外交交渉の条件であった。海軍の物資要求はすんなりと認められたため、争点にはならなかったのである。それでは、この二点について順を追ってみていこう。

戦争に踏み切っても勝てなければ、結果が臥薪嘗胆より悪くなる。にもかかわらず戦争の方が有利と判定するには、臥薪嘗胆の後にアメリカが攻めてくるという仮定が含まれていなければならない。賀屋は、戦争せずに三年めに米艦隊が攻勢をしかけてきた場合の勝算を永野軍令部総長に繰り返し質問した。その議論を、ここで紹介しよう（『杉山メモ』）。

永野　それは不明なり
賀屋　米艦隊が進攻して来るか来ぬか
永野　不明だ。五分五分と思え
賀屋　来ぬと思う。来た場合に海の上の戦争は勝つかどうか。
（まさか負けるとは統帥部に聞く訳に行かぬ）

永野　今戦争やらずに三年後にやるよりも今やって三年後の状態を考えると今やる方が戦争はやりやすいと言える。それは必要な地盤がとってあるからだ

賀屋　勝算が戦争第三年にあるのなら戦争やるのもよろしいが、永野の説明によれば此の点不明瞭だ。しかも自分は米が戦争をしかけて来る公算は少ないと判断するから、結論として今戦争するのが良いとは思わぬ

東郷　私も米艦隊が攻勢に来るとは思わぬ。今戦争する必要はないと思う

永野　「来らざるを恃《たの》むなかれ」と言うこともある。先は不明。安心は出来ぬ。三年たてば南の防備が強くなる。敵艦も増える

賀屋　しからば、いつ戦争したら勝てるか

永野　今！　戦機はあとには来ぬ（強い語調にて）

そもそもアメリカに日本を武力で制圧しようという意図があるのか。それは日本側の思い込みではないのか。ありもしない想定におびえて、勝ち目が薄い戦争に踏み切る必要があるのか。まさに、二日前の嶋田海相と沢本次官の議論（アメリカに攻められたらおしまいだという嶋田に対して、日本が臥薪嘗胆を続けてもアメリカ海軍が先制攻撃してくる可能性は低い、と主張する沢本の論）が、時と場を変えて繰り広げられたのであった。鈴木企画院総裁は、一九四三年には、物資の状況は戦争した方が良くなる、時日の経過は戦略的に不利となる、と再三にわたって賀屋と東郷を説得した。結局、第一案に対する結論は出されずに終わる。歴史にイフは禁物だが、嶋

田海相の開戦決意がなければ、事態がどのように転んだか、わからなかったのである。

外交交渉の期限問題

外交交渉に反対だった参謀本部は、事前に「対南方国策遂行に関する件」という文書を準備していた。今後の交渉は開戦企図の秘匿と戦争遂行を有利にするために限定し、最大限譲っても開戦名目の把握のための道具とする内容だった。東郷は国運を賭する転機にごまかし外交をやれというのはひどい、と拒否する。これに対し塚田参謀次長は、開戦の決意と一二月初頭の開戦スケジュールの確定を要求したところ、伊藤軍令部次長が唐突に外交は一一月二〇日まで可能と発言、塚田はあわてて一一月一三日までと引き戻しにかかった。東郷は、外交には期日を要する、見込みがない外交は出来ぬので戦争は当然やめねばならぬ、と反論した。期限を議論の対象としたところで、参謀本部の即時決意論はあっさりと葬り去られたのである。

しかし、このことは東郷にとって両刃の剣であった。交渉に期限がつけられるということは時限爆弾のスイッチを入れたも同然だった。東条と東郷は、外交交渉が成立した場合、武力発動の中止を確約するよう統帥部に要求した。塚田参謀次長は、一三日以降は統帥を乱すと頑強に抵抗し、杉山参謀総長、永野軍令部総長も、これに加担した。しかし軍令部は二〇日まで、さらに嶋田海相が開戦二昼夜前までと緩和する。休憩をとって、参謀本部が軟化し、結局連絡会議では、一二月一日午前零時で妥協が成立した。さらに、この時刻までに交渉が妥結した場合、軍事行動を中止することも確定したのである。参謀本部の即時開戦論を抑制し、交渉期間を二週間以上稼ぐことが出来たのは、東郷の頑張りと東条首相のリーダーシップ、そして海軍の協力によるところが大きい。

新たな妥協案

交渉期限が若干延びたにせよ、スイッチが入れられた時限爆弾のタイマーの針を、ほんの少し戻したに過ぎない。それでは、東郷はどのような成算があって、このような危険な賭けに踏み出したのであろうか。その切り札が、新しい対米交渉案（乙案）だったのである。期限問題が決着した直後、日付も変わろうかとする午後一一時に至って、東郷は突然、乙案を連絡会議の場に持ち出した。これは、日米間で最大の難問だった中国問題を棚上げし、南部仏印の日本軍を北部に撤兵させることと引き換えに、物資を獲得しようという案だった。陸海軍と事前協議なしで提案するのは、それまでの慣行に反する異例のやり方だった。その内容は、以下の通りである。

一　日米両政府は仏印以外の南東アジア・南太平洋地域に武力的進出をしないことを確約する
二　日米両政府は蘭印において必要物資の獲得が保障できるよう相互に協力する
三　アメリカは年一〇〇万トンの航空ガソリンの対日供給を確約する
備考　一　この取極が成立したら、南部仏印に駐屯中の日本軍は北部に移駐する用意あり
　　　二　必要に応じて、従来の提案の中にある通商無差別と三国条約の解釈・履行に関する規定を追加挿入する

南部仏印に展開している日本軍を北部に撤兵させることと引き換えに、日本の最大のウィークポイントであったガソリンをアメリカから確保し、さらに蘭印の戦略物資入手の糸口を摑もうというのである。

国策再検討の短い議論の中で、東郷はひとたび原則問題に関わってしまうと、交渉が国内でぶちこわしになることを痛感したのであろう。そして、事務的なすり合せをおこなえば、間違いなく陸軍という最大の抵抗勢力が横槍を入れて来る。その結果、妥協案は換骨奪胎され、意味をなさないものに堕してしまう。このことは、甲案の審議過程で学習済みであった。となると、原則問題に触れない暫定的な協定を成立させて日米間の緊張を緩和し、時間を稼いで風向きが変わるのを待つのは、きわめて現実的かつ賢明な策である。

唐突な乙案の提出に猛反発したのは、もちろん参謀本部だった。参謀本部が最も強硬に反対したのは、南部仏印からの撤兵であった。東郷と杉山・塚田の間で、激論が繰り広げられたのである。議論の過程で、第三項は資金凍結前の通商関係への復帰と石油の対日供給の確約に書き改められた。さらに日中戦争解決を妨害しない（アメリカは蔣介石への援助を停止する）という項目が追加された。しかし、南部仏印からの撤兵に関しては双方譲らず、議論は膠着したのである。

東郷は、撤兵が条件に入らなければ外交は不可能であり、戦争すべきでない、と強硬に主張した。このとき、東郷は口には出さなかったものの、案が認められなければ辞職を決意していることは、周囲の人間にも看取されていた。

もし東郷の単独辞職となれば、事態の混乱は免れない。このような状況で、簡単に外相の引き受け手が現れるかどうかの保証はない。統帥部は期限を切って突き上げてくるだろう。東郷が居座れば内閣総辞職の危険性もある。そうなったら、窮地に立たされるのは東条首相であり、陸軍である。総辞職となった場合、非戦内閣ができる可能性すらある。鈴木企画院総裁は、先に交渉期限をめぐって審議が中断した際、西春彦外務次官に対し、東郷が反対するなら外相の首をすげ替えると脅迫していた。しかし、鈴木が放言しようと、東郷が辞職すれば、開戦決定までさらなる紆余曲折が予想される。東郷の進退をかけた捨て身の主張に、たじろがざるを得なかったのは、陸軍の方だったのである。

この時、危機を回避するために動いたのは、武藤章軍務局長であった。彼の提案で休憩がとられ、東条、杉山、塚田、武藤の四人による協議が別室で始められた。一〇分間の話し合いの結果、彼らは審議の停滞や倒閣、非戦内閣出現等、最悪の事態を回避するために、外務省案に歩み寄ることを決めたのである。その根底には、既にアメリカの援蔣停止という条件が加えられた以上、アメリカが受諾することはないという判断があった。最終的に決定した乙案については、第七章で詳述する。

一一月一日朝九時から翌二日の午前一時過ぎまで、実に一六時間余りに及んだ連絡会議の議論は終わった。ところが、会議を終える段階になって、東郷外相と賀屋蔵相は、最終的な決定の保留を申し出たのである。長時間に及ぶ審議に加え、「国策」本文の起草は、会議終了後の予定だった。陸軍省は原案を準備していたが、周囲から押し付けと受け取られると逆効果と判断し、提示していなかった。このため、正式決定は翌朝に持ち越すことにして、散会したのである。翌二日、文案が決定され、持ち回りで追認されたのち、天皇に上奏された。さらに一一月五日の御前会議で決定され、「国策」としての重みを加えた。

新たな「帝国国策遂行要領」は、次のような内容だった。

帝国国策遂行要領

一　帝国は現下の危局を打開して自存自衛を完うし大東亜の新秩序を建設するため、此の際対米英蘭戦争を決意し、左記措置を採る

(一)武力発動の時機を一二月初頭と定め、陸海軍は作戦準備を完整す

(二)対米交渉は別紙要領に依り之を行う

(三)独伊との提携強化を図る

(四)武力発動の直前、タイとの間に軍事的緊密関係を樹立す

二　対米交渉が一二月一日午前零時迄に成功せば、武力発動を中止す

別紙

対米交渉要領〔略〕

要するに、一二月一日の午前零時までに外交交渉が成立しなければ、戦争に踏み切ることが決められたのである。日本は開戦に向けて、決定的な一歩を踏み出したのである。

東郷外相の苦悩

渋る陸軍を説き伏せて、外交交渉の継続と譲歩案を認めさせた東郷だったが、決定案を正式に承諾するかどうかで悩み抜いた。翌二日早朝、東郷は以前から密接な関係を持っていた広田弘毅元首相を訪ねて、助言を求めた。広田は先述したように、重臣として東条内閣の成立にも関わっていた。東郷は、日本がさほど譲歩せず、アメリカも予想外に強硬な状況のため、辞職して事態を好転させることができるならば辞職したい、と相談した。これに対し広田は、東郷が辞めても戦争を支持する別の人間が外相に就任するだけなので、職に留まって全力を尽くすよう激励したとされる（『時代の一面』）。

東郷は、前日、東郷と同じように開戦自体に反対していた賀屋のもとに、西次官を派遣してその意向をさぐったが、賀屋は多数意見に従う旨を、既に東条に伝えてしまっていたという。全員一致を原則とする日本の内閣制度から考えれば、多数意見を理由とするのは無意味である。ただし、賀屋は既に連絡会議中に第三案への支持を表明しており、決定を保留した段階から東郷とはスタンスを異にしていたのかもしれない。

鈴木企画院総裁、嶋田海相、そして賀屋蔵相と、開戦に消極的だった重要閣僚が次々と開戦容認へと転向し、東郷外相は孤立無援となった。彼は二日の正午に至って、連絡会議決定を承認する旨、東条に伝えたのである。しかし、東郷の自伝によれば、それは種々の条件を付けた上での賛成だった。まず、甲乙両案いずれでも、アメリカ側が乗り気になってきた場合は、更に譲歩が可能になるよう東条が外相を支持すること、交渉が成立した際は作戦行動を直ちに停止すること、外交交渉不成立の場合は東郷が辞任することもあること、という三点だったという。

特に第一の点は重大である。外交条件についても、まだまだ「非（避）決定」の状態が続いていたことになるからである。

陸海軍の部内統制

陸海軍が必要としたのは、まず部内の統制だった。海軍は二日の一〇時から海相官邸に部局長を集め、連絡会議の経過を説明した。嶋田海相はこの場では、交渉妥結の望みがあることも強調した。

午後五時からは海軍の軍事参議官会議を開き、経緯を説明している。会議には、総理との列立上奏を終えた永野軍令部総長が途中から参加した。永野からは、総理が明晰巧妙に陳述したので自分から付け加えることもなく、天皇も腹を決めておられるようで、特に大きな反対はなかったと伝えられた。嶋田海相からの協力要請に、参議官からは格別の発言はなかった。

翌三日には、上京してきた山本連合艦隊司令長官への説明が行なわれた。まさにタッチの差で、公式な方針は決まってしまったのである。山本が影響力を行使し得る段階は過ぎてしまっていた。嶋田は午前一一時半から山本と懇談して希望を聴取し、総長、次長、次官、第一部長を交えて会食し、さらに午後二時半から二時間にわたって協議している。どんな議論が出たかは不明だが、山本も結局は納得せざるを得なかったのであろう。

陸軍は、海軍のように順調ではなかった。連絡会議終了直後から、参謀本部の部長以下から強硬な反対が巻き起こったのである。乙案の可決を知った田中作戦部長が杉山総長に食ってかかったため、温厚な杉山も真っ赤になって叱りつけるありさまであった。

田中の主張は、乙案が成立した場合の日本の国際的地位に関して天皇に上奏せよ、というものであった。戦略要衝である南部仏印からの撤兵は、統帥部にとって日本の力を大きく減じるものだったからである。しかし、総長と次長は田中の要求を斥けたため、参謀本部中堅層は軍令部に意向を打診した。結局、軍令部の同調も得られず、上奏は断念された。

参謀本部内は、東条「変節」に対する不信任の声で満ち満ちる。参謀本部は鉾先を変え、武藤軍務局長に対して、乙案妥結の場合の国防弾撥力に支障はないか、との質問状を田中の名前で突き付けたのである。武藤は、そのような事態になったら責任をとると言って撥ね付けた。連絡会議決定は、全てのアクターにおいて、すんなりと受容された訳ではなかったのである。

矛盾した最終決定

それでは、国策再検討の意味を、御前会議に至るまでの議論を適宜加えつつ、振り返って考えてみたい。

まず、外交交渉と戦争との関係は明確に整理された。九月六日の御前会議では、九月三日の連絡会議で書き加えられた「交渉成立の「目途」がない場合」という表現が加えられて修正されたことで、外交の期限とその後の処置について抜け道が残されていたが、同じ轍を踏まぬように明文化されたのである。

外交交渉の条件に関しては、九月六日のものより緩和した甲案（日中戦争を含む包括案）と、対象を仏印と資産凍結等に絞った乙案の、二段構えで行くこととされた。

ところが、再検討のそもそもの対象であった、長期戦に対する見通しは、ほとんど変更されなかった。杉山参謀総長は、初期作戦により南方の資源地帯を確保した後は、海軍の海上交通確保により不敗態勢を占め、敵の企図を挫折することが可能である、という楽観的な見通しを上奏した。

しかし、議論の細部を見て行くと、そのような単純な話ではない。永野軍令部総長は、連絡会議から御前会議に至るまで、長期戦に対する見通しは不明という態度を貫き通した。戦機は今しかなく、開戦後二年までは確算がある。しかし、三年め以降はわからない、という主張である。

この議論には二つの矛盾があった。まず、戦機は今しかないという認識である。永野は、臥薪嘗胆した場合、アメリカが軍備を増強して対日包囲陣を強化していくのに、日本はジリ貧で、かつ和戦選択の主導権はアメリカに握られてしまうと主張した。これに対し賀屋蔵相は次のように反論している。日本が有利な現在の戦機は南方攻略作戦についてのみであり、艦隊決戦を挑むかどうかの判断は依然としてアメリカの掌中にある。仮に南方資源地帯を占領しても、アメリカが決戦を挑んでくる二年後に、日本は軍需その他の点で困難があるのではないか。永野は敵が短期決戦を挑んで来るなら勝算があるが、戦争は長期戦化し三年後は不明と繰り返した。賀屋は、海軍が南方作戦に二年間しか確信が持てないというなら、その後もし敗れたら結局南方資源は確保できない、そうなると三年め以降の見通しもつくではないかとたたみかけたが、永野は従前の主張を繰り返すのみであった。戦争の結果を知っている我々の立場からは、賀屋の思考の方がはるかに戦略的かつ論理的である。

永野の第二の矛盾は、臥薪嘗胆した場合のアメリカの出方である。日本が身動きがとれなくなった段階でアメリカ艦隊に来攻されたら手も足も出ないという認識が、戦争を選択した方がベターだという議論の前提になっている。しかし、果たしてアメリカ艦隊は攻めてくるのか、先述したように、東郷外相も永野を追及したが、永野は、三年後は不明と主張するだけであった。

昭和史研究の先駆者である秦郁彦は、連絡会議での永野の東郷との戦争の見通しについての議論をナマクラ問答と評した（『昭和史の軍人たち』文藝春秋　82年）が、永野の言は無責任が過ぎて逆に潔く聞こえてしまう。確かに、筋だけは通っていた。強硬派の参謀本部の中堅層すら、永野の主張ももっともと言わざるを得ず、と理解を示していたのである。要するに、永野は曖昧な見通しを述べ続けることで海軍の立場を守り、最終的に政府に下駄を預けたのである。統帥が政治に関与しないという原則論からすれば、正しい態度ではあった。統帥部が政府の下の単なるスタッフならば、それでいいかもしれない。しかし、第一章で見たように、統帥部は内閣と並んで天皇を直接的に輔翼する存在だった。さらに、国運を賭した大戦争の主役は海軍だった。その組織の長の言葉として、戦機は今しかないが三年め以降は不明というのは、無責任きわまりない。殊に、国の命運を左右する輸送船舶の被害算定問題で、真剣な再検討を行なわなかったのは、職務怠慢と批判されて然るべきだろう。臥薪嘗胆よりも戦争の方が危険性が高いという結論を導く可能性もあったからである。しかし、永野は戦争の帰趨は有形無形の国家総力によると主張して議論をはぐらかし続けた。問題は、下駄を預けられた他の指導者たちである。戦争の方が物資は好転すると詭弁を弄した鈴木企画院総裁や、明確な見通しを持って開戦に反対した東郷外相を除き、皆が三年後の状況を自ら判断することを避けたのである。

典型的だったのは、参謀本部である。彼らは、戦争の見通しがつかないのを百も承知で強硬論を主張していた。塚田参謀次長は連絡会議終了後「五年先きはと問わるれば作戦政治、外交何れも皆わからぬのは当然だ」と感想をもらしている（『杉山メモ』）。

それでは、対米戦を決定した当事者たちは、永野の言葉の矛盾に気付かず、参謀本部や鈴木企画院総裁の言葉を鵜呑みにしてしまったのだろうか。決してそうではない。東条は、三年め以降の不確定要素をはっきりと認識しており、その上で戦争を有利と判定したのである。そして、そのことを天皇に対しても誠実に説明している。

変化した昭和天皇の判断

ここに至り、我々は昭和天皇の行動を検討しなければならないだろう。山本五十六は「聖断」を最後の頼みとし、嶋田は「聖慮」に下駄を預けた。山本の意図は亡国を避けるための切札としてだったが、嶋田が避けたのは自らが困難な局面を引き受けることであった。両者の発想が対蹠《たいしょ》的だったことは言うまでもない。

それでは、国策再検討の過程で、天皇はどのような態度をとったのだろうか。天皇の「戦争責任」を追及する立場の研究者からは繰り返し指摘されているが、この段階で天皇が戦争を積極的に回避しようとした形跡はない。それどころか、伏見宮を詰問した一〇月初旬の頃の天皇と、この時期の天皇とは、明らかに態度が違っていた。もちろん、天皇が外交交渉の成立を期待していたことは疑いない。しかし、統帥部に対する皮肉まじりの質問は発したものの、それ以上の追及はしなかったのである。この変化は、開戦決意の過程で、きわめて重要な意味を持つ。

連絡会議での結論を報告した、一一月二日の総理・両総長列立上奏の際の天皇の質問をみてみよう。

海軍に対しては、鉄一一〇万トンあれば損害があってもよいか、損害はどの位ある見込みか、と急所をついた。これは、おそらく戦争全般に関わる見通しについての問いと思われる。しかし、永野軍令部総長から南方攻略作戦を想定した数字（戦艦一、甲巡二、軽巡四、飛行機一八〇〇機位）ではぐらかされると、さらに突っ込んだ質問はしていない。陸軍に対しても、運送船の損害も考えているだろうな、防空はよいか、朝鮮のダムが空襲で壊されたらどうする、と念を押したが、杉山から防空体制に関する通り一遍の説明をされると、それで終わりとなっている。

三日の作戦計画の上奏の際も同様である。一二月になるとモンスーンが吹いて上陸作戦が困難になるから早期の開戦決意が必要というのが、従来からの陸軍の主張であった。天皇はこの流れから、開戦が一二月にのびてしまったが上陸作戦は出来るか、と杉山に質問している。実は、モンスーンによる上陸作戦の困難性は、作戦開始時期決定を左右した重要問題の一つであった。杉山は、一日でも早い方が良いと逃げ口上を述べたが、これを天皇がさらにやり込めた様子は記録されていない。現実には、開戦後の一九四二年二月に至っても、作戦に支障が出るほどのモンスーンは吹かなかったのである。

また、開戦を一二月八日とするという永野の説明に、天皇は八日は月曜日ではないか、と反問している。永野は、休みの翌日の疲れた日がいいと奉答した。しかし、これは永野の勘違いで、真珠湾に艦隊が在泊している可能性が高い日曜日の早朝（アメリカ時間で七日、日本時間で八日）に奇襲をかける算段であった。作戦を統括する軍令部総長が、このような間違いを犯すとは、まったく信じ難い。

ところが、これらの曖昧な説明にもかかわらず、二日の列立上奏から御前会議に至るまで、天皇は政府・統帥部の説明に満足げだったという。参謀本部は、天皇が既に開戦を決心しているものと、安堵したのである。

そもそも、統帥部の結論は、九月の御前会議決定から、ほとんど変更されていなかった。それどころか、永野の説明は、南部仏印進駐直後の七月三〇日の上奏と大筋において変わる所はない。第二章でみたように、そのとき「海軍の作戦はステバチ的」と批判したのは、他ならぬ天皇その人であった。九月六日の御前会議の直前には、太平洋は中国より広いと杉山参謀総長を叱責し、御前会議で明治天皇の御製を読み上げたのも、天皇であった。いったい何が変わったのだろうか。

この疑問については、従来からさまざまな議論がなされており、あえて筆者が付け加える新たな知見もない。最も整合性がとれている説明は、やはり東条の存在であろう。これまでの天皇の議論を見て行くと、彼は決して戦争そのものに反対だった訳ではなく、外交交渉をないがしろにして何が何でも戦争に向かおうとする陸軍の姿勢に対して不信感を抱いていたのである。戦争に至らずして外交交渉で話がまとまれば御の字と考えるのは、政治に責任を負う者にとって当然である。もちろん、天皇もそうであった。

一方で、これまで陸軍がやってきたことは、謀略（三月事件、十月事件、満州事変）や中央政府の統制を無視した軍事行動（満州事変の拡大）、テロに内乱（二・二六事件）など、きわめて無秩序な行動ばかりであった。それらは、これまでの大日本帝国を支えてきた政治的な枠組みに対する露骨な挑戦でもあった。そして、軍の圧力により政治は窒息状況となっていた。かといって新たな権力核が創られたわけでもなく、政府の統合力は拡散し、混乱が続くだけだったのである。まさに、その典型的な例が、第三次近衛内閣の崩壊であろう。陸軍のゴリ押しによって、外交交渉を望んだ政府が総辞職に追い込まれた。このことは、天皇にとって苦々しい限りだっただろう。

しかし、それまでは抵抗勢力だった陸軍を、政策決定に責任ある立場に据えることで、一定の統合力が生まれたのである。そのトップに在った東条は、まさに忠臣を絵に描いたような人間であり、天皇に対して時には涙を流しつつ誠心誠意説明を続けた。参謀本部では、東条はいつの間にあれほど天皇の信任を得たのだろうか、と訝るほどだったのである。

つまり、統合力を回復した政府が一致した結論をもって天皇に裁可を求めた場合、問題なく裁可されるのが、それまでの慣例であった。そして、決定された「国策」に対する責任は、輔弼の臣である東条以下の国務大臣と、輔翼する立場の統帥部の長が負うのは、当然である。天皇は、そのような責任感あふれる東条に、いわば安心して下駄を預けたのである。

天皇の東条に寄せた信頼は、この後も延々と続く。戦局が傾いて周囲で東条の引きおろしが画策される段階になっても、その信頼は揺るぎなかった。東条内閣の退陣が一九四四年七月、サイパン島の失陥まで具体化できなかったのは、天皇の東条に対する信頼が、最大の障害となっていたからである。敗戦後の東京裁判において、東条が終始一貫して天皇を訴追から守るべく自らの責任を強調したのも、当然である。

そして、明治憲法体制の制度的な枠組みから考えても、天皇の行動は何ら瑕疵《かし》があるものではなかった。もちろん、開戦三年め以降に日本がどうなるかは不確定なままだった。天皇がこのポイントを真剣に突き詰めれば、開戦が避けられた可能性は高い。しかし、天皇は制度的な枠組みを越えてまで、このことを追及しようとはしなかった。国が滅びるかどうかという時に、制度も慣行もないだろうと我々が思うのは当然だが、それは戦争の結果を知っているからでもある。

最後に、当時の情勢を理解する上で、我々の認識をいささかミスリードしかねない天皇の戦後の発言に触れておこう。天皇は戦後、自分が主戦論を抑えたらクーデターが起こったに違いないと証言している（『昭和天皇独白録』）。同様の懸念を、永野軍令部総長も抱いていたという証言もある。

しかし、天皇の意志に反してクーデターを起こし、日本を開戦まで持って行くような政治的な主体を、具体的に想定することは難しい。考えられるとすれば、要人に対するテロ程度だろう。仮にテロが起こったとしても、このような切羽詰まった段階では、逆に意思決定が出来ずに、ただ混乱を招くだけである。そして、当時の特高警察と憲兵の情報網が、それを見のがすとは考えにくい。ましてや、憲兵と警察を束ねているのは「忠臣」東条である。仮に天皇や永野が主観的に当時そう考えたとしても、客観的にはクーデターが起こるような情勢ではなかった。

もし、天皇が身の危険を感じて開戦に反対できなかったなどということが仮にもあったとしたら、東条は聖慮を曇らせた責任を取って腹を切ったに違いない。東条の天皇に対する忠誠心は厚く、また天皇もそれを理解し信頼していた。もちろん、一部に不審な動きはあった。陸軍省軍務局軍事課の高級課員から東条内閣の陸相秘書官となった西浦進（陸士34、一九二二年卒）によれば、周囲の判断で東条本人に知られぬよう秘かに東条に警護をつけていた。武藤が狙われているという噂もあった。しかし、それらは、あくまでも彼らに対する話であり、天皇に対してではない。

排除された臥薪嘗胆論

以上、さまざまな角度から、東条内閣における国策再検討を検討してきた。

再検討の結果、浮き彫りになったのは、結局どんな選択肢をとるにせよ、日本に明るい未来は来そうにないということであった。そして、種々の限定付きであるにせよ、最も希望を持てそうな選択肢が南方資源確保のための開戦であった。しかし、それは希望的観測に根拠を置く、粉飾に満ちた数字合わせの所産だったのである。日本の選択が「ベスト・ケース・アナリシス」（全てが良い方向に転ぶことを前提とした分析）に依拠していたと指摘される所以である。

国策再検討を、外交か戦争かという対立軸でのみ理解しようとすると、重要な要素が抜け落ちてしまうだろう。確かに、国策再検討の過程で、外交交渉でまとまらなければ戦争という道筋が明確に決定された。両者の対立は激烈だった。しかし、より本質的な対立は、両者の間にではなく、臥薪嘗胆と、戦争・外交のセットの間にあったのである。

一見すると、臥薪嘗胆という選択肢は、何をやるか曖昧で不作為そのもののように映る。そして、国策再検討の過程は、開戦決定を避ける臥薪嘗胆が退けられ、決定へと踏み出したかのように見える。それでは、非（避）決定のシステムは決定のシステムへと変貌を遂げたのだろうか。開戦後も、日本の戦争目的が「自存自衛」と「東亜解放」の間で揺れ動き、効果的な戦争指導ができなかった迷走ぶり（波多野澄雄『太平洋戦争とアジア外交』東京大学出版会 96年）をみれば、とてもそのような変化があったとは思えない。

当該期の「国策」決定の構造に着目してみると、別の見方も可能となるだろう。そもそも、何故に両論併記や非（避）決定を特徴とする「国策」が必要とされたのだろうか。それは、強力な指導者を欠いた寄り合い所帯の政策決定システムが、相互の決定的対立を避けるためであった。そのための重要な構成要素が、「国策」の曖昧さであった。それでは、臥薪嘗胆、外交交渉、戦争という三つの選択肢から、なぜ臥薪嘗胆が排除されたのだろうか。それは臥薪嘗胆が、日本が将来に蒙るであろうマイナス要素を確定してしまったからであった。これに比較して、外交交渉と戦争は、その結果において曖昧だった。つまり、アメリカが乗ってくるかどうかわからない外交交渉と、開戦三年めからの見通しがつかない戦争は、どうなるかわからないにもかかわらず選ばれたのではなく、ともにどうなるかわからないからこそ、指導者たちが合意することができたのである。

ここで、改めて日本が検討した選択肢と想定された結果を整理してみよう。審議の過程で排除された英米可分論（対英蘭戦）も含めて、表3にまとめてみた。採択されなかった英米可分論と臥薪嘗胆論が1と2、実際に採択された外交交渉と対米英蘭戦が③と④である。このように並べてみると、採択された選択肢が最良の結果を期待していたことが、一目瞭然である。

採択されなかった選択肢は最悪の結果をおそれて排除されていた。英米可分論は、危険な要素（英蘭の植民地を攻略したとしても、石油などの輸送ルートの横腹をアメリカに晒すことになる。アメリカが突然参戦に踏み切ったら、守る術はない）という最悪の結果が早々に選択され、日本の採りえるオプションとして排除された。もうひとつの臥薪嘗胆論は最後まで残ったが、やはり、日本の身動きがとれなくなった段階でアメリカ艦隊に来攻されるという最悪のケースへの懸念を排除できずに却下された。

表3

	選択肢	最良の結果	最悪の結果
1	対英蘭戦	不敗態勢の構築。米の不介入。英ソの敗北。独の勝利	資源輸送の横腹を米が攻撃、戦略・作戦構想崩壊
2	臥薪嘗胆	日本の確実な国力低下 ❶	戦機を失い、身動きがとれなくなった段階で米艦隊が来攻
③	外交交渉	甲案 or 乙案成立	不成立により戦争
④	対米英蘭戦	現在の戦機を生かし、南方資源地帯を占領して不敗態勢を構築。国際環境の変化（英ソの敗北。独の勝利）により米の戦意喪失	三年め以降は不明 ❷
	排除された要素	❶国際環境の好転	❷日独の敗北・日本被占領・植民地全ての喪失

○ 採択された選択肢　［点線枠］採択された議論

一方、再検討の結果として採択された外交交渉、そしてこれが不成立の場合は戦争という二段構えの方針は、共に希望的観測を根拠としていた。その点で、最悪の想定を理由に排除された英米可分論や臥薪嘗胆論とは、対蹠的である。つまり、日本は最悪のケースに追い込まれることにおびえ、もっと最悪の事態を自ら引き寄せたことになる。もし、外交と戦争がその後に現実となった最悪のケース（外交で失敗し戦争に訴えて惨敗）を想定し、臥薪嘗胆論が最良のケースを想定して比較されていたら、結論は逆になったに違いない。

西浦進は、戦後に次のように述懐している。自分たち軍人が「あまり若い時から戦略とか戦術とかというようなことで、ものごとを計画的にやれと言われていることが、かえって人生を誤まったのではないか」と。彼は天理教の中山みきの言葉「自分を神様が生かしておくことが必要ならば、米がなくなってもどこからか米が来る。実際最後の一食になった時に人に恵んでやったら、あくる日になったら誰かが米を持って来てくれた、世の中はこういうものだ」を引きながら、このような人生観を軍人が持っておれば南方に行くこともなかったと、開戦時の自分たちの判断の限界を指摘したのである（『西浦進氏談話速記録　下』）。

三年め以降の見通しで落とされた要素

先述したように、対米英蘭戦の最悪のケースの想定は「不明」という思考停止かつ無責任な議論の枠組みを一歩も出るものではなかった。山本五十六のように東京が三回くらい丸焼けになると想像できた軍人は、この場にはいなかったのである。

それでは、なぜ臥薪嘗胆の場合の最良の想定が、戦争よりもベターとはならなかったのだろうか。表3をみてわかるように、臥薪嘗胆論の想定には、対米英蘭戦がプラスの要素として織り込んでいた国際環境の好転が、盛り込まれていないのである。

戦争に踏み切っても、希望を持てる要素は国際環境の好転しかなかった。となると、臥薪嘗胆の場合も、国際環境の好転を組み入れて戦争の場合と比較すべきだろう。そうすれば、臥薪嘗胆論と開戦論の差はぐっと縮まり、逆に臥薪嘗胆の方が有利と判定されたかもしれない。ところが、そのような議論の組み立て方は、なされなかった。

最大の原因は、東郷外相が開戦論を牽制する際に、国際環境の好転に懐疑的な姿勢をとっていたからであろう。開戦論を助長しかねない国際環境好転への希望は、東郷にとって両刃の剣であった。もし東郷が臥薪嘗胆の際も国際環境の好転が期待できると臆面もなく主張することができたなら、事態は変わったかもしれない。そして、仮に臥薪嘗胆論が力を得れば、外交交渉が失敗した後に臥薪嘗胆へ移行するという選択肢の組み立ても可能となった筈である。しかし、この両論の担い手が東郷外相ただ一人では、他のメンバー全員を説得するのは、きわめて困難である。戦争に踏み切った方が有利とする国策再検討の結論は、このような選択肢の構造にも起因していたのである。

そして、再検討の末、天皇もこのような状況を納得することになった。ありきたりな結論だが、政府と統帥部が三年め以降の見通しが不明の開戦もやむなしと判断し、統治権の総攬者である天皇自身がその説明を受け容れたこと、それこそが国策再検討の最大の成果だったのである。

第六章　甲案と乙案

日本側の外交条件は、「国策再検討」の末、とりあえず形とはなった。しかし、外交は相手あってのものである。結果的に外交交渉は失敗に終わったが、その過程で日米双方の思惑や状況認識が浮き彫りとなって行くこととなる。

第五章で検討したように、日本側の最低条件は、二本立てであった。アジアと太平洋全般にわたる包括案が甲案、重要問題に絞って暫定的な妥協点を見出そうとしたのが乙案である。まず甲案で交渉し、受け入れられなければ乙案で交渉するという二段構えの構想だった。

甲案は、中国と仏印からの日本軍の撤兵、日独伊三国同盟の死文化、通商無差別条約の中国への適用など、一見すると日本がアメリカに大きく歩み寄ったかのような案だった。しかし、良く読むとさまざまな留保条件が付されており、アメリカの受諾は望み薄だった。

たとえば中国からの撤兵は蔣介石との和平交渉成立による平和回復が前提だった。仮に平和が回復しても、北支、蒙疆、海南島という要衝には軍を留まらせ、駐留期間は二五年を想定していたのである（さすがに、この年数をアメリカに提示すると交渉の成立は難しいので、米側から質問された場合に限って説明するものとされた)。通商無差別問題も原則的には同意するが、「全世界」へ適用された場合という条件を付しており、実質的には拒否に等しかった。

結論を先取りすると、アメリカは抜け道が多い甲案をほとんど相手にせず、一蹴する。中国への駐兵は日本の大陸政策の根幹に関わる問題と、陸軍に認識されていた。通商無差別はアメリカの原則外交の中心だった。両者共に原則の問題であり、それが故に具体的な取引による妥協が不可能だったのである。

日本側の最後案 乙案

原則論に固執する限り、日米は妥協できない。しかし、その原則を相手に強要するために血を流すことまでは、日米両国とも想定していなかった。

では、なぜ戦争の危機が訪れたのだろうか。日本を開戦に傾斜させた最大の原因は、英米の対日全面禁輸だった。それが解除されるなら、戦争に訴える必要はなくなる。この問題に絞って東郷外相が作成したのが、乙案だった。そして、乙案をアメリカが受け入れなければ、戦争に踏み切ることも決定された。

論理的な筋道からは、この条件のために戦争を選んだと言い換えてもいいだろう。それでは、乙案とはどのような内容だったのだろうか。

一一月五日の御前会議で決定された乙案は、以下のごとくであった。

一　日米両国政府は、いずれも仏印（現在日本が部隊を進駐させている）以外の南東アジア及南太平洋地域に武力的進出をしないことを確約する

二　日米両国政府は、蘭印における両国の必要物資の獲得が保障されるよう、相互に協力する

三　日米両国政府は相互に通商関係を資産凍結前の状態に復帰する

アメリカ政府は所要の石油の対日供給を約束する

四　アメリカ政府は日中両国の和平に関する努力に支障を与えるような行動に出ない

備考

一　必要に応じ、本取極が成立したら、南部仏印駐屯中の日本軍はフランス政府の諒解を得て北部仏印に移駐する用意があること、日中間の和平が成立するか又は太平洋地域に公正な平和が確立した上は前記日本軍隊を仏印から撤退させる旨を、約束して差し支えない

二　必要に応じて甲案の通商無差別に関する規定および三国条約の解釈履行に関する規定を追加挿入する

乙案手交に際し、東郷外相は、「備考　一」の冒頭で提案した南部仏印からの撤兵が、きわめて重大な譲歩であることを強調するよう野村大使に訓令している。つまり、この条件で、第三項の通商関係回復と石油の供給を米側から引き出し、戦争の直接的原因を消し去ろうという構想であった。

乙案を受け取ったハル国務長官は、二二日、イギリス、オーストラリア、オランダの大・公使にこれを内覧し、遅参した中国大使も加わったところで、米側が作成中だった暫定協定案を示して意見を求めた（*Foreign Relations of the U.S.:1941. Vol. IV The Far East*）。

このことからも、乙案がアメリカに一定のインパクトを与えたことは確かである。このような効果は、どのようにして発揮されたのか。そして、それにもかかわらず、なぜ外交交渉はまとまらなかったのだろうか。東郷が展開した外交を検討しよう。

東郷外相の不可解な言動

東郷の開戦外交に対する評価は、あまり芳しくない。それは、結果的に戦争を防げなかったことにもよるが、彼の表向きの交渉態度が、今日の目からは硬直的に映るからであろう。確かに、ハル四原則のうち無差別原則以外の三原則に対する態度は頑なだった。そして、開戦ぎりぎりの段階まで再三にわたって譲歩を建言し続けた野村大使に対しては、本国の案を堅持して訓令通りに行動するよう厳命している。

また、東郷は交渉開始当初から事態が絶望的だと周囲に漏らしていた。このことは、東郷が交渉失敗の予防線をはっているとさえ受け取られた。野村を応援するためワシントンに来栖《くるす》三郎を特派したものの、新たな妥協案を携行させたわけではなかった。加えて、一一月四日に甲乙両案をワシントンに打電した後、乙案による交渉開始の訓令を送った二〇日も含め、周囲にはからずに三度も乙案の改変を指示していた。

このような東郷の行動は不可解であり、彼が何のためにこのようなことをやっていたのか、理解しがたい。このため、交渉失敗の責が東郷のみにあるかのような議論すらある。しかし、東郷の言動全てを当時の政治状況に置き直してみると、彼が抱いていた構想が浮かび上がってくるのである。

まず、東郷が国内的には陸軍、対外的にはアメリカという相手と、いわば二正面作戦を戦っていたことを忘れてはならない。東郷は、この二つの敵を同時に満足させねばならない困難な課題に直面していたのである。戦後の東郷と東条の証言が事実とすれば、東郷は東条から、交渉の途中でアメリカ側が乗り気になってきた場合は、さらに譲歩を検討するという言質をとりつけていた。東郷は、この非（避）決定の状況を根拠として最大限利用し、対米交渉を成功に導こうとしたのではないか。

東郷が挑んだ課題は四つあった。

まず外交交渉の過程を、全て東郷自身の手中におさめる必要があった。手始めに省内の枢軸派を一掃したことは第四章で述べた。ついで、陸軍の干渉を排除せねばならなかった。さらに、交渉成立を願うあまり本省からの訓令を逸脱する行動をとりがちだった出先の野村大使も、外相の統制下に置かねばならなかった。東郷は、まずは外交に関するイニシアチブを掌握するという一つの戦略のもとで行動していたのである。また、第五章で述べたように、東郷は、表面上は毅然たる態度をもって交渉に臨んだ。このことは後述のように、国内、ことに陸軍の支持を調達するのに有効に機能した。

しかし、御前会議で決定された甲乙両案では、日本側の譲歩の幅が小さかった。そのため、交渉の手法として、限定的に過ぎなかった日本側の譲歩を、さも大きいものであるかの如くアメリカに印象づける必要があった。これが第二の課題であり、来栖大使の派遣と乙案の伝達により達成が期待された。

第三に、やはり演出だけでアメリカの譲歩案を引っ張り出すのは困難であった。このため、東郷は御前会議決定を逸脱する譲歩案も用意していたのである。それは、陸軍に感づかれないよう、巧妙にワシントンの日本大使館に伝えられた。東郷の毅然とした態度に幻惑されたのか、陸軍が東郷の逸脱に気づいた形跡はない。

そして、仮にアメリカが交渉に乗ってきた場合、その交渉案が検討に値するかどうかは予測できなかった。このため、アメリカ側の譲歩も可能な限り大きく見せる必要があった。そのためには、まえもって楽観論を喧伝するよりも悲観論を流しておいた方が効果的である。近衛や豊田の楽観論が陸軍を硬化させ、日本の対米条件が、より厳しくなったことを想起すれば、東郷の態度は不可解ではない。加えて、初めに交渉の困難さを強調しておけば、仮にアメリカが交渉に乗ってきた場合、逆にアメリカの歩み寄りの姿勢が際立つことになる。東郷の悲観論を小耳に挟んだ重光葵は、交渉が失敗すれば前任者に責任をおしつけ、成功すれば自分の手柄にしようとしているに違いないと邪推していた（『天羽英二日記・資料集』）。重光の言う、失敗した際の予防線という側面も否定できないが、東郷の悲観論は、以上のような解釈も可能である。

要約すれば、東郷は、①外交に関するリーダーシップを掌握した上で、②日本側の譲歩をアメリカに対し最大限に演出し、③妥協案を陸軍には秘密裏に用意して交渉の糸口を摑み、④アメリカが歩み寄れば、それを大きく印象づけ、⑤最終的には東条が約束したように日本案をさらに緩和させる方向へと道を開こうとした、と考えられる。

では、東郷の緻密な構想は、果たしてうまく機能したのだろうか。

甲案をめぐる交渉

甲案による交渉は、一一月七日に始まり、一五日に終わった。結論から言えば、アメリカは甲案をほとんど相手にしなかったのである。それは、甲案における日本側の譲歩があまりにも小さかったことによるが、アメリカ側の情報収集にも起因していた。日米交渉が始まった当初の四月から、アメリカは日本の外交電報のほとんどを解読し、「マジック」情報と名付けて活用していた。つまり、野村に対する本国からの指示を、米側は承知済みだったのである。つまり、日本にとっては、自分の持っているカードを覗かれながらポーカーをやるに等しい。甲案が成立しなければ乙案に切り替えるという二段構えの作戦が筒抜けになっていたため、ハルは甲案を真面目な交渉の対象としなかった。

さらに甲案による交渉を大きく妨げる事件が、アメリカによる暗号解読の過程に生じた。アメリカが甲案関係の暗号電を解読して英文に翻訳した際に重大な誤訳が発生した結果、アメリカは日本側の甲案に対する誠意を疑うことになってしまった。それは、甲案そのものではなく、野村大使への甲案についての指示の訓電に関する誤訳だった。誤訳が甲案そのものなら、正文を日本側からアメリカ側に手交するため、おのずから誤解は解ける。しかし、東京の外務省から在米大使館に伝えられた、甲案をどのように取り扱うかを指示した電報で誤訳が生じたのである。もちろんアメリカ側には見せるはずのない電報だったため、誤訳が致命的な影響を及ぼす結果となったのである（西春彦『回想の日本外交』岩波書店 65年）。

繰り返すと、甲案の譲歩のメインポイントは、一、通商無差別問題 二、三国条約 三、撤兵問題であった。そして、訓電では、これらを強調せよという指示の後に、「なお〔ハル〕四原則については、これを日米間の正式妥結事項〔中略〕中に包含せしむることは極力回避せよ」、と付記していた。ところが、米側の翻訳官は「四原則」を読み誤り、「四、原則問題」つまり、これらの一から三で説明した日本側の譲歩すべての提案を「正式妥結事項の中に含ませないことを希望する」と訳したのである。この訳に従えば、日本は通商無差別など三つの譲歩を強調しながら、それらを条文に盛り込むことは避けよ、と指示したことになる。この訓電の誤訳を真に受けては、ハルがまともに交渉に乗って来ないのも不思議ではない。

もちろん、三番目の撤兵問題に関する、米側から質問された場合に限り回答することになっていた中国への駐兵期限（二五年）も、ハルは解読電を読むことで事前に承知していた。このため、この誤訳がなくても、ハルが甲案を相手にすることはなかったであろうが、アメリカ側の翻訳ミスは、甲案拒否を大きく後押ししたといえよう。

ところが、甲案をめぐる交渉は、意外な副産物をもたらした。日米交渉における日米間の根本的なすれ違いが露呈したのである。

交渉のすれ違い

東郷の訓令をうけて、野村大使は一一月七日にワシントンで甲案をハルに手交し、日本側の譲歩三点を強調した。野村は会談直後に、ハルは通商無差別問題については「一応満足したる模様」で三国同盟と駐兵に関しては、「何等意向を示さ」なかったと東京に速報した。

さらに、ハルが日中戦争解決のための日中の橋渡しを仄めかしたと野村が伝えたため、東京の本省は活気づいた。つづく一二日の会談で、野村と彼を補佐していた若杉要《かなめ》公使は、本国の指示に従い、日中直接和平の際のアメリカの立場について再三質問したのである。野村の報告では、ハルは確答しなかったものの、条件次第では日中間の橋渡しも可能という口吻を漏らしたという。そして、日本の駐兵は無期限ではない旨の説明にもハルは了解を与え、三国同盟についても、野村大使は説明を尽くしたと報告した。

困難と思われていた中国撤兵という原則問題でも、打開が可能かもしれない。外務省では、日米交渉に対する希望が芽生えた。逆に、陸軍省や参謀本部では、交渉が成立してしまうのではないかという悲観論が渦巻く。

ところが、米側の記録によれば、会談の様相は全く異なっていたのである。七日の会談で、ハルは新しく組閣した東条内閣に、三国同盟についての新たな具体的な行動を要求した。そして、駐兵問題については、駐兵の割合を尋ねたハルに対して、野村は直接的には答えなかったとされている。一二日の会談も同様だった。野村は、中国に永久駐兵する意図は持っていないと再三主張したが、確定的なことは言わなかったとなっている。そして、米側は三国同盟について一層の態度表明を求めたという。

要するに、日本政府が重大な譲歩と考えてアメリカ側にアピールしたかった撤兵問題の説明はハルの耳に届かず、日本が「譲歩」したという印象をもたれなかった。また、ハルの三国同盟に対する要望も、野村からは、東京に伝わらなかったのである。

東京でわかった認識のズレ

三国同盟に関する日米間の認識のズレは、意外なところから日本側に発覚した。米国務省から駐日アメリカ大使館に打電されていた七日の野村・ハル会談の記録を、一二日にグルー大使の好意で日本側に見せてもらったのである。そこには、ハルが三国同盟について日本の「具体的な声明」を求めたと記されていたのである。外務省は、三国同盟については、既にアメリカの了解を取り付け済みと思っていたため、あわてて野村に確認の電報を送った。

さらに深刻な相違点も見つかった。日本側は日米交渉を文字通りの交渉（negotiation）と認識していたのに対し、アメリカ側はその前段階である予備的非公式会談（conversation もしくは exploratory conversation）と表現し続けていたのである。このことに関しても、野村の報告との齟齬に気付いた外務省は、東京でグルー大使に現在は交渉の段階にあることを改めて注意喚起すると同時に、野村にもアメリカ側を再度説得するよう命じた。

ワシントンでは、本省の指示を受けて、若杉が早速バランタイン国務省極東部次長（Ballantine, Joseph W.）に面会し、日米会談のレベルについて確認をとった。バランタインは現状では非公式会談であり、イギリスやオランダと相談する段階になって初めて公式な交渉に位置付けられるという説明を繰り返した。ここに至って日本側は、アメリカが日中間の橋渡しどころか、日本との交渉に距離を置こうとしていることに気付いたのである。

甲案の拒否

甲案に対するアメリカの態度がはっきりしたのは、一一月一五日朝の日本側とハルとの会談においてであった。ハルは、無差別待遇に関する質問書と経済政策に関する非公式提案の二通を手渡し、彼の原則的な持論を展開した。

無差別待遇に関する質問書は、その実行にあたって日本側がつけた条件の撤廃を要求していた。「全世界における適用」というような条件は、日本に中国でのサボタージュの口実を与えるだけと考えたのである。

経済政策に関する非公式提案も、ハルの理想論が展開されたものであった。中国自身による経済・財政・通貨に関する支配権の完全な回復をめざし、中国における特定国の特恵的・独占的通商や経済的権利を真っ向から否定していた。

そして、日米は自国の安全と自衛のために必要な物資については、輸出に制限を加えることができるという文言も入っていた。ハルの要求を受け入れれば、日本の中国における既得権は完全に放棄させられ、かつアメリカの対日経済制裁は緩和されることなく続行されることになる。これこそ、陸軍がかねてから主張していた、もっとも避けるべき状況であった。

さらに会談の席上、ハルは再三にわたって三国同盟の死文化を要求した。その主張の激しさに、同席した若杉が三国同盟からの脱退なしに日米間の妥結は不可能という意味か、と反問する一幕もあった。ハルは確答を避けたが、そうであるという意図は明白であった。そして、これらの議論をもって甲案に対する回答と看做《みな》してよいかとの日本側の質問に対しては、ハルは自分が今日手渡した文書に対する日本側の意向を勘案して回答すると逃げたのである。

日本側の譲歩を完全に無視・否定したうえ、新たな要求をたたみかけてきたハルの態度に、野村は色を失った。このことは、参謀本部にとっても驚きであった。交渉の内容が、こと原則問題に関わってしまっては、決裂が必定であることが、完全に明白となったのである。

甲案成立に向けた日本の外務官僚の努力も、徒労に帰した。甲案になにがしかの意味があったとすれば、中国での原則問題に関する日本国内の政治的限界（陸軍の反対によって譲歩案の作成が不可能な現実）を示したこと、日本側が抱いていた交渉による包括的解決への幻想を完全に打ち砕いたこと、この二点であろう。

外交交渉成立への期待は、原則論を離れた暫定構想である乙案に委ねられることとなった。

第七章　乙案による交渉

　前述したように、日本側の乙案は、危機に瀕していた日米関係の緊張をとりあえずでも緩和させ、戦争の危機を回避する目的で考え出された。

　日米間の対立が、原則論レベルに達していることは明らかであり、一朝一夕に妥協が成立するのは無理だった。しかし、放っておけば戦争になるかも知れない。それを防ぐには、いったん原則から離れ、暫定的な協定を締結して、風向きが変わるのを待つのも手である。こう考えたのは東郷だけではなかった。ワシントンでは日本の野村大使、アメリカ側ではローズヴェルト大統領を筆頭に、ハル国務長官、そして国務省極東部、さらに財務省までもが暫定協定的な解決を模索し始めたのである。その意味で、「とりあえず」的な発想で技術的に解決できる点に力点を置いた乙案による外交打開の構想は、あながち的外れだったわけではない。

　しかし、問題は日本側譲歩の限界であった。その打開のため、東郷は日本側の譲歩を効果的に演出する手段を尽くしたのである。その第一弾が来栖三郎大使の派遣である。

　一一月五日、御前会議の開催に先立つこと数時間、神奈川県追浜《おっぱま》の飛行場から台湾に向けて海軍の中型攻撃機が飛び立った。乗っていたのは来栖大使と結城司郎次《しろうじ》書記官。東郷は、日米交渉打開のため、新たに有能な外交官を派遣し、ワシントンの日本大使館にテコ入れしようとしたのである。急を要するため、グルー駐日大使に頼んでマニラ発の太平洋横断飛行の定期便の出発を二日遅らせてもらい、台湾、香港と飛行機で経由してマニラに滑り込み、何とか乗り継いで出発に間に合わせたのであった。

来栖が自伝で言うように、交渉を成功に導く演出としては、特派大使と大統領との第一回会見のような「心理的な瞬間」に新提案を提出するのが、最も効果的なはずである（来栖『日米外交秘話』創元社　52年）。しかし、来栖の出発を待たずに、甲乙両案は前日の一一月四日にワシントンの野村大使に打電されていた。そして、来栖本人も新しい案を携行するわけではない、と東郷から説明されていた。出発にあたって来栖と会見したグルー大使は、なんら新しい案を携えずに来栖が渡米すると聞き、それでは交渉成立は不可能と落胆したという。

乙案の「奇妙な」送られ方

ところが、乙案は一一月四日に全てが野村大使に送られていたわけではなかった。この日に野村に打電された乙案は、一部が削除されていたのである。それは、東郷外相が日本側譲歩の目玉と考えていた部分だった（細谷千博・佐藤元英「戦争回避の機会は二度潰えた」『中央公論』07年12月号）。さらに注目すべきは、乙案の送られ方である。乙案はまず御前会議の前日一一月四日に、ワシントンの野村大使に打電されたが、その後も東京から幾度となく修正が訓令され、最終的な案が確定したのは、来栖到着後、交渉開始の訓令と同時の一一月二〇日だったのである（森山「開戦外交と東郷外相」『東アジア近代史』12号、09年）。以下、時系列に沿って見ていこう。

最初にワシントンに打電された一一月四日の段階では、次のように「備考」の南部仏印から北部への日本軍の移駐の箇所（164ページ参照）が削除されていた。この改変の結果、「備考」は、

一　**必要に応じ、本取極が成立したら、日中間の和平が成立するか又は太平洋地域に公正な平和が確立した上は日本軍を撤退させる旨を、約束して差し支えない**

という文章となり、日本軍の撤兵は、乙案の成立に加え、日中和平もしくは太平洋地域における公正な平和が確立した後、という先の長い話になっていた。そして、どの部隊が撤兵するか規定はなく、中国からなのか仏印からなのか、不明確な文言だった。読みようによっては、暫定構想というより原則論に近い。そして、さらに一一月一三日、一四日、二〇日と、その後三回にわたって修正が東郷から訓令された。

一三日の訓令では、撤退する軍隊を仏印に派遣されている日本軍と、明確にした。ところが、その直前に書かれていた、この取極が成立したら、という条件が削られている。この結果、文章は、

一　必要に応じ、日中間の和平が成立するか又は太平洋地域に公正な平和が確立した上は、現に仏印に派遣されている軍隊を撤退させる旨を、約束して差し支えない

となり、乙案成立と日本軍撤退との関係がわからなくなってしまった。これまた先が長い話である。

さらに一四日には、それまでは必要に応じて挿入するとされていた「備考」を全て条文に格上げし、全体で七項目の構成となった。備考の撤兵関係が五、無差別待遇関係が六、自主的参戦（三国同盟問題）関係が七、とされた。すべて「必要に応じ」が付されず、「差し支えない」という限定も外された。注目すべきは七の自主的参戦に関してである。ここでは、甲案の譲歩した内容（自衛権の解釈をみだりに拡大する意図がないことを更に明瞭にし、三国同盟に対する日本の解釈と履行は日本政府が自ら決定して行動する）ではなく、九月二〇日決定の「日米了解案」（三国同盟に対する日本の解釈と義務履行は専ら自主的に行う）のままとされた。

そして、来栖の到着と、一一月二〇日の乙案による交渉開始の訓令電によって、乙案の全貌が野村大使に明らかとなった。この時の修正指示により、ようやく東郷の構想に基く乙案が正式にワシントンに伝達されたのである。相次ぐ改訂の結果、御前会議決定では「備考」で「必要に応じ〔中略〕約束し差支なし」とされていた南部仏印からの撤兵は、第五番目の正式な項目として位置付け直された。確定した文言は、

五　日本政府は、日中間の和平が成立するか又は太平洋地域に公正な平和が確立した上は、現に仏印に派遣されている部隊を撤退させる旨を約束す

日本政府は、本協定が成立した場合、南部仏印駐屯中の部隊はフランス政府の諒解を得て北部に移駐させる用意あることを宣す

となった。

外務省の独断で、御前会議決定からさらにアメリカに譲歩した案に変化していったと言えよう。

同時に、一度は「日米了解案」のレベルまで後退していた自主的参戦に関しては、さらに譲歩が用意された。アメリカが欧州に参戦した場合の日本の行動はあくまでも日本の自主的判断によると説明し、乙案成立後に三国同盟には秘密協定が存在しないことを米側に明らかにしても可、と野村と来栖に指示したのである。甲案の交渉過程で明らかとなったアメリカの三国同盟に対する予想以上に頑な態度への対応と考えられる。これも外務省の、つまり東郷の独断であった。

東郷の意図はどこにあったか

それでは、東郷の意図は奈辺《なへん》にあったのだろうか。まず考えられるのは、陸軍に対する目くらましであろう。東郷が自伝で言及しているように、外務省のワシントン宛訓電は全て陸軍省に届けられ、欠番があればすぐに催促されたという。そのような状況下で譲歩の幅をさらに拡大する

ような変更を独断で行なうのは、きわめて困難だった。にもかかわらず、仏印からの撤兵が備考から条文に格上げされたことへの陸軍側の反応は記録されていない。この点で、東郷の手の込んだ目くらまし作戦は、一定の成果を挙げたと言えるだろう。

さらに、もう一つの大きな理由は、最初に指摘した、外相の統制力強化という課題につながる。つまり、ぎりぎりの段階までワシントンの日本大使館にすら本国の意図を察知させずにおこうとしたのだろう。乙案での交渉開始と同時に日本側の譲り得るラインを明確にし、本国から到着したばかりの来栖が東郷の意図を体現して交渉にあたる、東郷の構想はこのようなものだったと推測できる。

そう考えると、出先の混乱を招きかねない、乙案の度重なる改変も納得がいく。先述のように、乙案は来栖到着の前々日（一三日）と前日（一四日）に、矢継ぎ早に変更されていた。しかも、アメリカに提示する修正文の全文（七項目案の英文）は、来栖がワシントンに到着する一五日の朝に着電するタイミングで打電されたのである。これだけ意味不明の変更が指示されれば、交渉現場が混乱し本国の意図を把握するのは無理に違いない。

しかも、これらの電報では、修正箇所と差し換えの文章が示されただけで、内容についての具体的な説明はなかった。到着した来栖の指示を仰ぐのは当然の流れである。そして、来栖到着の翌日の一一月一六日は日曜日だった。このため、米政府高官との会談は組めず、来栖は野村と終日大使館でじっくり懇談することができたのである。

本省と出先のギャップ

なぜ東郷はこのような複雑なことをしたのだろうか。その原因の一つとして、ワシントンの日本大使館に対する不信感の存在があげられるだろう。日米交渉を振り返ってみると、野村大使が交渉を軌道に乗せようとして、本国に対しアメリカの要求を正確に伝えてこなかった経緯があった。このこともあって、日本政府はたびたびミスリードされ、交渉の状況を正確に把握できなかったのである。先述のように、甲案の交渉では、野村がメッセンジャーとしての機能も果たしていないことが露呈した。

実は、既に前内閣の段階で、ワシントンに加え東京でも豊田外相とグルー大使の間で並行的に日米会談の実施が試みられていた。その背景には、野村の行動に対する懸念もあったと考えられる。グルー大使は一〇月三〇日の東郷との初会見の際、東郷に一〇月二四日にワシントンでおこなわれた若杉・ウェルズ（Wells, Sumner。国務長官代理）会談の要旨を手渡している。

そして、加瀬俊一が開戦直後に執筆した「日米交渉経緯」と題する資料（『日、米外交関係雑纂　太平洋ノ平和並東亜問題ニ関スル日米交渉（調書）』第十九巻）には、一〇月下旬からのワシントンでの日米会談の模様を報ずる国務省の電報が一一本綴られている。アメリカ側の史料と突き合わせてみると、生の電文は二本あり、残りは英語で要約されている。

どこまでがグルーの好意によるもので、どこまでが傍受解読したものかは不明だが、グルーが電文そのものを渡したとは絶対に考えられないので、英語で要約されているものはグルーが渡したものの可能性が比較的高く、生の電文は確実に日本側が解読したものであろう。要するに本省が出先の行動を、アメリカの情報も利用して監視していたことになる。交渉成立に向けて、水も漏らさぬ態勢がつくられていたとも言えよう。

野村の独断と乙案の提示

このように、東郷の構想は精緻に組み立てられていた。少ないパイを大きく見せるための苦肉の策だったとも言えよう。

しかし、その構想を根底からひっくり返す事態が発生した。一一月一八日、野村大使が独断で、乙案からさらにアメリカ側に譲歩した私案を、ハルに提案したのである。野村案は、南部仏印からの撤兵と資産凍結解除のバーター案であった。しかも、これには、派遣されたばかりの来栖大使も加担していた。来栖はワシントンに到着すると、すぐさま現地の情勢が容易でないことを理解した。そして、彼は東京からの訓令を忠実に実施するよりも、交渉妥結を最優先の課題とすることを決意して、野村に同調したのである。さらに来栖は、本国に対して軽挙を戒め、南部仏印からの撤兵をあらかじめ開始するような誠意をアメリカに示すよう進言した。

彼らの行動は、現場での的確な情勢判断に基づいていたとはいえ、日本の譲歩を最大限のものに見せようとした東郷の努力を結果的には水泡に帰すものであった。報告を受けた東郷は、二〇日に叱責に近い電報を送ると同時に、先のように乙案に修正を加え、これによる交渉開始を訓令したのである。ここで東郷は、乙案は日本の最後案であり、これをアメリカが応諾しない限り交渉決裂もやむなし、と説明している。そして、

① 無差別待遇と三国条約、さらに中国からの撤兵という最重要課題を敢て棚上げすることで緊迫した空気の緩和をはかっていること

② 南部仏印から北部への移駐は、きわめて重要な譲歩であること

これらをアメリカ側に対して強調するよう、野村に指示したのである。

しかし、この時点で日本側の譲歩をどんなに印象づけようとしても、一八日にハルに提示した先の野村私案に比較して、確実に譲歩の幅が小さくなってしまった。東郷にとっては非常に不本意な形で、乙案による交渉をスタートせざるを得なくなったのである。

来栖も譲歩案に協力

野村私案に比較すると、乙案は明らかに後退であった。事態を挽回するため、野村と来栖は、さらに大胆な行動に出た。ひとつは、乙案の改変、もう一つは乙案成立の見込みがつくまで秘密にするよう訓令されていた三国条約に関する妥協案を、独断で米側に説明したのである。

二〇日、野村と来栖は乙案をハルに示した。これまでの研究では見過ごされてきたが、彼らが渡した乙案は、本省が指示した通りのものではなかったのである。さすがに叱責電の直後だけあって、文言はほとんど変更しなかったものの、条項の順番を入れ替えたのである。仏印からの撤兵は、第五項から第二項に移動させた。この結果、乙案は以下のような配列となった。

一　日米両国政府は、いずれも仏印（現在日本が部隊を進駐させている）以外の南東アジア及南太平洋地域に武力的進出をしないことを確約する

二　日本政府は日中間の和平が成立するか又は太平洋地域に公正な平和が確立した上は、現に仏印に派遣されている部隊を撤退させる旨を約束す
本協定（のちに最終協定に盛り込まれる）**成立後、日本政府は南部仏印駐屯中の兵力をフラ**ンス政府の諒解を得て**北部に移駐させる用意ある**ことを宣す

三　日米両国政府は、蘭印における両国の必要物資の獲得が保障されるよう、相互に協力する

四　日米両国政府は相互に通商関係を資産凍結前の状態に復帰する
アメリカ政府は所要の石油の対日供給を約束する

五　アメリカ政府は日中両国の和平に関する努力に支障を与えるような行動を慎む※

※本省は "not to indulge"、手交文では "refrain"

東郷が、御前会議決定では「備考」の一に過ぎなかった南部仏印からの兵力撤収を、正式な第五項に格上げした経緯は既に述べた。野村と来栖は、それを第二項に移動させることで、アメリカ側にインパクトを与えようとしたのである。

さらに来栖は、乙案提示の翌二一日にハルを私邸に訪れ、①日本の三国条約の解釈は他の締約国の解釈に拘束されないこと（三国同盟の条文では、ドイツがアメリカから攻撃をしかけられれ

ば日本に参戦義務が発生するとされているが、アメリカが先に攻撃したかどうかを判断するのは、ドイツやイタリアではなく、日本が自主的に行なうという意味)、②三国条約には何らの秘密協定も存在しないこと、の二点を文書化して示した。

来栖によれば、ハルはきわめて友好的な態度で、他にも見せたい人物がいるから書面を預けるよう依頼したという。来栖は大統領か、それとも閣議かと質ねたが、ハルは否定しただけだった。ともあれ、ハルの対応に、来栖は手応えを感じたのである。

謎が残るハルの反応

ところが、ハルの記録では、その反応は正反対に近い。ハル自身の手になる会談録によると、ハルは文書を一瞥し、他に平和的解決に関する全体的な申し出がないかを確認すると、何の特別な助けにもならないと答えて却下したとなっている。来栖の証言が具体的なので、彼が虚言を弄しているとも考えにくい。ハルの態度は、単なるみせかけだったのだろうか。

実は、そうとも言えない。ハルの会談録の原文書を確認すると、日付こそ会見した一一月二一日だが、記録課が受け取ったのは一二月一八日、つまり真珠湾攻撃から一〇日以上経過してからだった。前後にファイルされている電報や会談録などが五日内外で記録課に送られているのに比較して、この会談録が記録課に送られるのに、不自然といえるほど時間がかかっている。つまり、ハルが何かを隠蔽しようとして、会談録を真珠湾攻撃以後に作成し直した可能性も否定できない。果たして、ハルが来栖の申し出をどのように検討したのか、それともしなかったのか、現状では謎とせざるを得ない。

ハルは乙案をどう捉えたか

それでは、乙案は期待した効果をあげられたのだろうか。翌二二日、ハルはイギリス、オーストラリア、オランダ、中国の外交官を国務省に呼び、日米交渉の状況を説明した。ハリファックス英大使（Halifax, Lord）、ケーシー豪公使（Casey, Richard G.）、ロウドン蘭公使（Loudon, Alexander）、胡適中国大使の四人である。そして乙案を彼らに示しながら、それぞれの条項に対してハル自身の見解を示した。それによれば、全面的に容認できないのは第五項の援蔣停止、このままでは受け入れられないのは第二項の仏印からの撤兵と第四項の経済関係の回復についてであった。ハルによれば、南部から北部への移駐では不充分であり、二、三〇〇〇人の部隊（ビルマの援蔣ルートに脅威を与えない程度）を除いて全仏印からの撤退が必要であった。また、この暫定協定で、禁輸を全面解除するつもりはなかった。物資を与えた結果、日本がそれを使って攻撃に転じるようなことがない程度の質・量にとどめる考えだったのである。日米間の懸隔は、まだまだ大きかった（*Documents on Australian Foreign Policy 1937–1949*. Vol. 5）。

問題は、このような暫定的な協定案に、何を期待するかであった。彼ら将来の連合国側は戦争の準備ができていなかった。仮に三ヶ月の時間を稼ぐことができれば、太平洋の防備は大きく進展し、軍事的には有利になる。彼らは、その有利さを得ることと協定締結のデメリットを天秤にかけたのである。

そして、常識的に考えれば、戦争となった場合に矢面に立たされるのはイギリス、オランダ、オーストラリアだった。日本がイギリス領植民地を攻撃してきた場合にアメリカが参戦するかどうか、アメリカはイギリスやオランダ、オーストラリアに何ら確約を与えていなかったのである（しかし、実際には、日本はハワイ真珠湾というアメリカの領土を直接攻撃することで、アメリカを戦争当事国にしてしまった）。アメリカが助けてくれるとは言わない以上、矢面に立つ国々が戦争を先延ばしにすることにメリットを感じるのも当然であった。

暫定協定案とハル・ノート

ところが、ハルは乙案に対して返事をするのではなく、国務省で作成していた暫定協定案と包括的な協定（のちにハル・ノートと呼ばれるようになったもの）をセットで提示する方針でいることを各国に説明した。ハル・ノートについては後述することとし、ここでは暫定協定案について解説しておこう。

暫定協定案は、原則的な対立で危機に陥った日米関係を、実現可能な目先の取り引きで緩和し、風向きが変わることをめざした案だった。発想としては、日本側の乙案と軌を一にしていた。

暫定協定案の内容は幾度か変遷しているため、ここでは最終的に確定した文言（一一月二五日）で話を進めて行きたい。その要約は、以下の通りである。

暫定協定案（要約）

一　日米両国政府は、ともに太平洋の平和を切望し、両国の国家政策が太平洋全域の持続的かつ広範囲の平和維持をめざし、ともに領土的野心を有しないことをここに確約す

二　両国は、現在保有する基地から南東および北東アジア、南北太平洋へ軍事力や軍事的脅威によって進出しないことを保証する

三　日本政府は以下のことを約す。南部仏印に駐屯中の軍隊を撤収し交替兵力を送らない。仏印における全兵力量は、七月二六日現在の規模まで減らす（一一月二二日の段階の文言では、二万五〇〇〇人以内）。交替等のために陸海空の追加兵力を送らない。これらの規定は、当該地域における外国軍隊の存在に関するアメリカ政府の地位を侵害しない

四　アメリカ政府は、直ちに現在実施中の資産凍結措置と輸出制限措置を左記の限度まで緩和する

a　日本からの輸入は自由。ただし月間輸入額の三分の二は生糸とする

b　米からの輸出は左記の通り

(1)日米間や両国が認める他国との貿易に使用する船舶の燃料と必要物資

(2)食糧品とその加工品。ただし、アメリカで不足しているものは輸出を制限できる

(3)原綿、一ヶ月あたり六〇万ドルを限度とする

(4)医薬品。これもアメリカ国内での供給不足品目については、輸出を制限できる

(5)石油。民需用の量を基礎として許可。イギリス、オランダと協議して全体量を決定する。民需用とは漁業、輸送機関、照明、暖房、工業、農業、その他民生用の目的を意味する

この協定の運用が太平洋での平和解決に有効と考えられた場合は、両国政府の協議により貿易量を増加することができる

五　日本は、四が可能となるレベルまで凍結令と輸出制限措置を緩和する

六　アメリカは、四で規定された貿易が可能となるよう、オーストラリア、イギリス、オランダに対して同様の措置をとるよう勧告することを保証する

七　日中間の和平交渉と結果に対し、アメリカは日米会談と同様の精神かつ太平洋全域に普遍的に適用される、平和、法、秩序、正義という根本原則に基礎をおくことに基本的な関心をはらっている

八　有効期間は三ヶ月間とするが、その後の包括的な平和解決策の状況次第で、延長もあり得る

一言で言えば、日本がこれ以上の武力進出をしないことの意志表示として南部仏印から撤退すれば、その代償として三ヶ月間は一定程度の物資を供給するということである。アメリカは、太平洋における備えを充実させるため、時間を必要としていた。

暫定協定案が乙案と類似していたのは、日本がこれ以上武力進出しないことを表明した部分（暫定協定案第二項、乙案第一項）と、南部仏印からの撤兵（暫定協定案第三項、乙案・御前会議決定時での「備考　一」）の部分であった。前者はほぼ同一の内容だったが、後者は米側の暫定協定案が兵力量に制限を課す点で日本側に厳しかった。全面的な対立点は、先述のように援蔣停止であり、かなり開きがあったのは、米側が想定する禁輸解除が限定的だったことである。

ハルは、この暫定協定案に加え、ハル・ノートのような包括的な協定案も日本側に渡すと説明した。目前の危機への対策としては首をかしげざるを得ない対応である。オーストラリアのケーシー公使にとっても、ハルの行動は非現実的であり、乙案をベースとして交渉する方が、危機回避の可能性があった。ハルの対応は、味方の側から見ても、柔軟性を欠いていた。

しかし、ハルは、ハル自身は交渉成立の見込みは三分の一と語りつつも、まだまだ交渉に望みをつないでいた。ハルは、交渉の最終局面で、日本に供給可能な物資の量を各国がいちいち本国に照会したら、まとまる交渉もまとまらなくなることを危惧していた。それを避けるため、ハルは会談終了後に、改めて電話で英・豪・蘭の大・公使に対し、物資の上限を決定する権限を本国から取り付けるよう依頼したのである。

東郷外相の二正面作戦

一方、乙案提示のインパクトが野村と来栖の独断のために期待した効果を得られなかったものの、東郷は現状の窮屈な条件のもとで努力を続けるしかなかった。残された時間は僅かであった。そのなかで、東郷はアメリカと陸軍という強大な敵を相手に二正面作戦を展開し続けた。

乙案最大のネックは、援蔣停止条項だった。これはそもそも陸軍が交渉を失敗に追い込むために盛り込んだものだった（第五章を参照）。これは譲歩の中に強硬な要求を混ぜ込むようなものである。先述したように、ハルは陸軍の意図に正しく反応した。この条項がある限り、乙案といえども交渉成立は不可能だった。

東京で東郷が直接的に動ける範囲は狭かった。先述したように、グルー駐日アメリカ大使の電報は日本側が解読していた。このことは、東郷がグルーに語った言葉が回り回って陸軍側に筒抜けになってしまうことを意味する。このため、東郷の言動は勢い慎重にならざるを得ない。それでも二四日、東郷はグルーと会見し、日本が平和的な解決を希望していることを訴えたのである。もちろん、南部仏印から北部への移駐が日本側の最大限の譲歩であるという立場は崩さなかった。しかし、この日の会談は、アメリカの援蔣停止問題が中心だった。東郷は、アメリカの橋渡しで日中間の和平交渉が開始されれば、その後はアメリカの対中援助は不要になるではないか、と説得した。つまり乙案最大のネックだった援蔣停止条項を、日中和平後の問題へと先延ばしする論法で、理解を求めたのである。

その一方で、東郷は対内的にはアメリカへの強硬な姿勢を崩さなかった。

遡って一五日の連絡会議では、対米戦に備えた対独交渉を駐独陸軍武官経由で開始することを依頼し、参謀本部を喜ばせていた。さらに、野村が独断でバーター案を提示したことに対しては、先述のように、二〇日にワシントンへ叱責電を送った。東郷は連絡会議の席で野村の行動について憤慨して見せたため、陸軍側の好評を博したのである。参謀本部二十班は、豊田前外相がアメリカに対して哀訴的だったのに比較して毅然としている、と評価していた。連絡会議の席上、東郷は、アメリカは世論の関係もあるので、折れて日本と妥結することは不可能と、あえて悲観的な認識を示している。

東郷の強硬姿勢は国内、特に陸軍の支持調達には有効に機能した。陸軍は、乙案が成立した場合、日本側の要求した量通りに物資を確保できる旨の確約を、米側からとりつけることを主張していた。その決定を急ぐ陸軍に対し、東郷は言葉巧みに陸軍の要求をかわし続けたのである。サボタージュを続ける東郷の態度に、参謀本部二十班は、「外相の態度やや増長しある気味あり」と不満を示した。ところが、その不満の矛先を向けられたのは東郷ではなく首相の東条だったのである。『機密戦争日誌』には「外相に対する総理の政治力甚だ心外なり」と書かれている。つまり、この問題については東条が東郷を指導して進めるべきだと参謀本部の中堅層は考えていた。東郷は自身が批判の対象になることを巧妙に回避していたのである。

最終的に、この問題の決着は、ハル・ノート到着の前日、二六日までもつれ込む。しかも、その時点で決定できたのは石油の量だけだった。つまり、交渉の死命を制しかねない物資の数量問題については、東郷はほぼ最後のぎりぎりまで陸軍の突き上げを押さえ込んだことになる。

暫定協定案をめぐる攻防

二四日、ハルはふたたび各国代表を招き、修正された暫定協定案を説明した。日本に供給する資源量が細かく規定され、当初は三ヶ月とされていた有効期間の延長も可能とする条項も盛り込まれていた。

このとき中国大使は、北部仏印に残留する日本軍を五〇〇〇人まで減らすよう執拗に要求した。援蔣ルートに脅威を与え、かつ雲南省に対する軍事的脅威だったからである。しかし、ハルは直前にマーシャル将軍（Marshall, George C.　陸軍参謀総長）から二万五〇〇〇人でも中国への脅威とはならないという説明を受けていた。このため、ハルは三ヶ月の時間を稼ぐことの重要性を強調し、暫定協定案への理解を求めたのである。

問題は、イギリス・オランダの両国政府が、二四日の段階で、正式な意見を伝達していなかったことである。両大・公使ともに個人的見解としてハルの判断に任せることを表明したが、ハルの目には彼らの態度は当事国なのに非協力的と映った。

二五日朝、ハリファックス英大使はハルに対して英政府の公式な態度を表明した。乙案の受諾を拒否し、暫定協定案の提案については全てをアメリカに任せるとした。さらに、暫定協定のみを結ぶのではなく、包括案（ハル・ノート）によって和平の道筋をつけるというアメリカの原則的な立場に対しても賛意を寄せた。ハリファックスは北部仏印に残す兵力量について、最初から二万五〇〇〇人を提示することに疑問を挟んだものの、あくまで交渉技術的なレベルでの指摘だった。

中国側は蒋介石を筆頭に、アメリカの暫定協定案に危機感を募らせた。そして、多くのルートを使って「洪水のように」アメリカ政府に反対の電報を送りつけたのである。禁輸の緩和は日本にふたたび力を与える。この段階で実際に日本軍と戦っているのは中国だけであり、力を得た日本の刃が向けられるのは、四年にわたって抗日戦を続けていた中国だったからである。さらに中国は、前述の北部仏印に残留する日本軍の兵力量問題にも執拗に抗議した。確かに、ハルは二二日に乙案を説明した際、二、三〇〇〇人が適切と各国代表に説明していた。中国側は繰り返し兵力を減らすよう求めたが、ハルは倍（五万人）でも脅威にはならないと冷たかった。

結局、二五日に最終案が決定されたが、兵力量の数字は削除され、一九四一年七月二六日の兵力という文言のみが残されることになった。そもそもアメリカは日本軍の仏印への駐留を公式には認めていなかった。このため、具体的な数字をあげることで、駐留の容認と誤解されることも懸念したからである。

中国による暫定協定案の漏洩

ハルが各国代表と協議していることは、マスコミでも大きく報道された。東京では、米側の回答をじりじりする思いで待ち構えていた。そこに、米側の暫定協定案の内容が飛び込んできたのである。二五日のニューヨーク・ヘラルド・トリビューンは、日米間で検討中の課題として、①日本は南太平洋・東部シベリアに対し、これ以上侵略しない、②日本は仏印から撤兵し、タイ・蘭印への危険とビルマ・ロード攻撃の脅威を減じる、③米は日本資産の凍結を一部解除し、対日通商制限を一部解除する、④米は蘭印・仏印からの日本の資源獲得を保障する、と報じた。さらに中国系ラジオは三ヶ月間の暫定協定成立の見込みを伝えた（『日、米外交関係雑纂　第十五巻』、内閣情報局『各種情報資料・外国宣伝情報』。いずれも情報史研究家の宮杉浩泰氏の調査による）。

ともに、暫定協定案成立阻止を目論む中国が、マスコミにリークした情報だった（Waldo Heinrichs, *Threshold of War*）。そのような報道に対し二六日、東郷は野村・来栖に改めて乙案すべての貫徹を訓令した。

果たして東郷は内外の原則論に立ち向かって交渉打ち切りに抵抗できただろうか。しかし、その機会は永遠に訪れなかった。ハルが突然、それまでの方針を変更したからである。

ハルの変心

二六日になって、ハルは同時に渡すはずだった暫定協定案を放棄し、包括案(ハル・ノート)のみを日本側に手交した。ハルは二五日までは暫定協定案を日本側に提出するつもりだった。何がハルの心を変えたのか、その原因は現在でも謎に包まれている。

ハル本人は関係各国の反対と消極性を理由とした報告書をローズヴェルトに提出したが、中国を除くと事実と相違している。そして、中国の反対にもハルは不快感を示していたうえ、そもそも先述のように冷淡な対応だった。とは言え、関係各国の消極的な対応にハルが不満を抱いていたことは疑いない。アメリカの歴史学者アトリーは、理想主義者ハルが極度の疲労により「燃え尽き」ていたためとしている。ハルは政権の中で孤立し、関係諸国の協力も得られず、希望なき任務の遂行を放棄してしまった。彼の決定は「情緒的、肉体的、そして精神的な疲労の産物」だったというのである(アトリー『GOING TO WAR WITH JAPAN アメリカの対日戦略』五味俊樹訳、朝日出版社 89年)。

さらに、暫定協定案放棄の一つの大きなきっかけとなったと推測されているのは、スチムソン陸軍長官(Stimson, Henry L.)がもたらした、ある情報だった。二五日の午後、スチムソンはハルに電話で、日本の大船団が南下中と伝えた。「スチムソン日記」(実松譲編『現代史資料 34 太平洋戦争1』みすず書房 68年)では、五個師団が山東、山西から上海に来て、三〇〜五〇隻の船に乗り込み、既に台湾の南方に達しているとなっている。この日の夜、国務省では会議が開かれた。この会議に出席していた国務省の国際経済問題顧問ファイス（Feis, Herbert。のち『真珠湾への道』大窪愿二訳、みすず書房　56年。原著は50年、を執筆）は、外からかかった一本の電話を機に、ハルが暫定協定案の推進に弱気を示すようになったと証言している。電話の主は不明だが、仮にスチムソンの情報がこの時に伝えられたとすると、交渉の傍らで兵力を集結させている日本に対して不信感を抱き、交渉の熱意を失ったとの推論も成り立つ。

問題は、スチムソンの情報の確度であった。実は現在に至るまで、この時スチムソンが見たとされる情報は発見されていない。陸軍情報部が出した情報では、兵力は五個師団（約一二万五〇〇〇人）ではなく、五万人かそれ以下、船舶は一〇ないし三〇隻、そして何よりも、これらの兵力は現在の仏印との協定に基づく「通常の行動」と判断していた。つまり、日本の新たな南方への軍事行動の情報ではなかった。要するに、スチムソンの行動は、勘違いに基づく過剰反応だったのである（須藤眞志『日米開戦外交の研究』慶應通信　86年）。

二六日夕、ハルは暫定協定案を削除した包括案、すなわちハル・ノートを、国務省を訪れた野村、来栖の両大使に伝達したのである。

第八章　ハル・ノート

ハル・ノートは、アメリカの原則論を格調高くうたったものだが、その非妥協的な内容から、日本を戦争に追い込むために作成されたとする議論も多い。その構成は、交渉の経過を簡単にまとめた口頭の文書と、一時的かつ拘束力なしと冒頭に記された「合衆国及日本国間協定の基礎概略」からなっていた。まずは、内容をみてみよう。

ハル・ノートの実質的な内容は後半部分である。これは第一項に「政策に関する相互宣言案」としていわゆるハル四原則（一、一切の国家の領土保全と主権の不可侵　二、他国の内政への不関与　三、通商の機会均等　四、紛争の防止および平和的解決等のための国際協力および国際調停の遵拠）を並べ、これらを両国が積極的に支持し実際的に適用することを宣言するとされていた。第二項は、この原則に従って両国が採るべき一〇項目の具体的な措置が羅列してあった。

それは、

一　英、中、日、オランダ、ソ連、タイ、米間の多辺的不可侵条約締結

二　仏印の領土主権の尊重とそのための協定（米、英、日、オランダ、タイ）締結と貿易経済関係の平等待遇
三　中国・インドシナの日本軍・警察の撤収
四　蔣介石政府以外の中国政府の否認
五　中国における一切の治外法権の放棄、同様のことを英国やその他の政府に働きかける
六　日米通商協定締結協議の開始
七　資金凍結解除
八　円ドル為替安定のための出資
九　第三国と締結した条約がこの協定の根本目的（太平洋地域全般の平和確立及保持）に矛盾すると解釈されることに同意する（三国同盟の廃棄）
一〇　他国政府に対してこの協定の基本的な政治的経済的原則の遵守と適用を働きかける

これを日本側の包括案だった甲案と比較すると、どの程度の開きがあったのだろう。最大の焦点は、第三項の中国からの撤兵であろう。先述したように、甲案は北支・蒙疆・海南島などに二五年間兵力を駐留させるとしていた。ハル・ノートは、実に素っ気なく、中国とインドシナからの日本軍と警察の撤収を求めていた。期限が付けられていないものの、例外を認めさせる条件闘争が可能とは読めない。つまり、中国と仏印からの全面撤兵なしには通商関係を回復しないと解釈するのが普通だろう。

第三章で詳述したように、約四〇日前の一〇月一六日、中国からの撤兵に反対する東条陸相によって第三次近衛内閣が総辞職に追い込まれたばかりだった。そして、東郷外相の懸命の努力によって、甲案のレベルまで条件を緩和できたのである。日米間の懸隔は広く、かつ深かった。

さらに、第四項に蔣介石政府以外の中国政府の否認が入っていることは重要である。もちろん、アメリカはずっと汪兆銘政府や日本の傀儡《かいらい》だった「満州国」を承認してこなかった。しかし、日本との交渉過程では、未承認ということを明記するのは避けていたのである。日本政府も、蔣介石との和平が成立すれば、汪兆銘と蔣介石とを合流させ、汪政府を解消しようと提案していた。蔣介石政府のみを正統な政府とあからさまに記すこと自体、これまでの経緯と日本の立場を根本的に無視するものと受け取られてもやむを得ないだろう。

この年の六月に提示されていたアメリカによる包括案は、日中和平の条件として、日本の立場に理解を示す文言も含まれていた。共産主義運動に対する防衛のための日本軍の中国駐兵や「満州国に関する友誼的交渉」という項目である。

日本側は、米側の六月案に向けて、まがりなりにも譲歩を積み重ねてきたが、ハル・ノートは逆に条件をつり上げたのである。

戦争準備段階に入ったアメリカ

それでは、そもそもアメリカ政府は、日本との交渉に希望を抱いていたのだろうか。答えは否である。前日の二五日正午、スチムソン情報がハルにもたらされたとされる時間よりも前に、ホワイトハウスで会議が開かれた。出席者は、ローズヴェルト大統領、ハル国務長官、スチムソン陸軍長官、ノックス海軍長官（Knox, William F.）、マーシャル陸軍参謀総長、スターク海軍作戦部長（Stark, Harold R.）だった。

この会議で討議されたのは主として対日関係であった。日本は無警告攻撃で悪名高いので、次の月曜日（一二月一日）にも攻撃を受ける可能性があるという議論が出たという。彼らの関心は「われわれ自身が過大な危険にさらされないで、最初の一弾をうたせるような立場に、日本をいかにして誘導して行くべきか」ということだった（「スチムソン日記」）。既にアメリカは、日本がアメリカの原則的立場に賛同しない限り、戦争を仕掛けられてもやむを得ないという立場だった。

ハルは二七日、スチムソンに対しては「私はそれ〔対日関係〕から手を引いた。いまやそれは君とノックスとの手中、つまり陸海軍の手中にある」と、のちに有名になった言葉を告げた（同右）。ハルは、同様の言葉を二九日にハリファックス駐米イギリス大使にも告げている。

日本がハル・ノートを受け取ったらどのような行動に出るか、ハルは承知済みであった。現実に、アメリカは戦争へ向けて急ピッチで動いていた。二七日、スターク海軍作戦部長は太平洋艦隊とアジア艦隊の司令長官に対して「戦争警告」を送り、スチムソン陸軍長官も太平洋方面の陸軍指揮官に対して「いつ戦端が開かれるかわからない」とする警告電報を発したのである。

翌二八日、ローズヴェルト大統領は、スチムソンに対し三つの選択肢を示したという。一つめは、何もしない。二つめは、日本に最後通牒を発してアメリカ参戦の限界線を明示する。

三つめは、即時参戦であった。スチムソンは第二と、さらに第三の選択を主張した。日本がタイに侵攻すれば、それは八月にアメリカが日本に発した警告（八月一七日、ローズヴェルトは、日本がこれ以上武力進出を続ければ直ちにあらゆる手段をとるとの対日警告を渡していた）に対する侵犯となる。そうなればアメリカは無警告で日本を攻撃することさえも合理化できるというのがスチムソンの主張であった。

この日、正午の戦争諮問会議にはローズヴェルト、ハル、ノックス海軍長官、スターク海軍作戦部長、マーシャル陸軍参謀総長、スチムソン陸軍長官が出席し、日本軍が攻撃対象とする地域に関する予測が議論となった。彼らの関心は東南アジアに集中していた。特にマレー半島の要衝クラ地峡に日本軍が出てきた場合、イギリスは戦わざるを得ない。その時はアメリカも参戦することに意見が一致した。そして、アメリカが無警告で攻撃を開始することはできないということも確認した。

国務省でも、駐日大使館に情報が送られた。交渉断絶とは確定していないが、大使館の閉鎖に関する準備を指示したのである（そして、この電報も日本側が解読し、関係各所に配付されていた）。このように、アメリカは既に戦争に向かって、ひた走っていたのである。

しかし、彼らには大義名分が必要であった。ハル・ノートが如何にアメリカの原則を開陳した「立派な声明」（「スチムソン日記」）だったにせよ、アメリカ自身が血を流してまで日本に実行を迫る気はなかった。国内をまとめるためには、日本が侵略戦争を始めたことを明示させる必要があったのである。アメリカはあくまで被動者を装おうとした。

もし暫定協定案が提案されていたら

以上みてきたように、実らなかったとはいえ、東郷の外交が米側に一定のインパクトを与えたことは否定できない。ここから先は歴史のイフに属するが、米側が暫定協定案をハル・ノートと共に日本側に提示したらどうなったか、誰しも興味を抱くだろう。問題は、日本がさらに交渉を続けることが可能なほど、米側が暫定協定案で譲歩していたか、である。

暫定協定案成立の過程で各国間の議論になっていたのは、北部仏印の兵力量であり、その後の検討課題として日本に輸出する物資の質・量の問題が残されていた。兵力量については、ハルの中国への態度を考えれば、妥協が全く不可能だったとは思えない。問題は物資の量である。二五日、オランダ政府はハルに対し乙案に対する見解を送付していた。そこでオランダは、日本の潜在的な戦争能力を高めないために、高オクタンのガソリンの供給を再開すべきではなく、低品質の石油と米《こめ》にとどめるべきと主張した。加えて、前年からの日蘭会商（日本との物資売却交渉）で日本に売却を約束していた錫とゴムについては、既にアメリカとソ連に売却済みのため用意できないとしていたのである。もちろん、米側の暫定協定案には、これら二品目は含まれていなかったし、供給される石油も民需用の量がベースとされていた。

さらに、乙案の援蔣停止問題は致命的だった。暫定協定をめざした乙案に、原則論に抵触する日中戦争の処理問題を挿入せざるを得なかったことが東郷の限界だった。陸軍の目論見が、意図した通りに作用したのである。

仮に暫定協定案が日本側に提示されたとしても、付随するハル・ノートという原則論的な将来構想を、日本側はどこまで許容できただろうか。問題は、我々はハル・ノートが単独で日本側に手交された実際の反応しか知らないことである。

日本側は、ハル・ノートをアメリカが日本に突き付けた「条件」と解釈した。中国・仏印からの撤兵にしろ、無差別原則の適用にしろ、例外なしに実現を迫っているように読めるからである。それは、お互いの条件のすりあわせをはかる外交交渉の常道から懸け離れていた。

日本側が衝撃を受けたのは、第一にその唐突さと不可解さであった。それを補う役割を担うはずだったのが、暫定協定案であった。もし、暫定協定案が付随していれば、ハル・ノートが即座に日本に実行を迫るものではなく、未来に向けて提言された原則論であることが、比較的正確に理解された筈だからである。つまり、本来ハル・ノートは、暫定協定案とセットで解釈されるべき文書だったのである。暫定協定案がはずされたことで、際立ったのはアメリカの頑な態度と交渉放棄の姿勢だった。

このような現実の展開に比較すれば、ハル・ノートの不可解さは減って、その衝撃こそ少なかったかもしれない。しかし、将来構想としても、日本側が全てを鵜呑みにすることは不可能であろう。陸軍とアメリカという強大な敵の狭間で二正面作戦を強いられていた東郷が条件闘争を展開するには、ハル・ノートはあまりに不寛容であった。

そして、原則論的な解決が必要と考えていたのは、アメリカだけではなかった。大陸政策を組織的利害《セクショナル・インタレスト》としていた陸軍である。陸軍省軍務課長の佐藤賢了は、野村私案（石油獲得と仏印からの撤兵のバーター案）を「根本問題から離れ、経済関係を平常通りにしてやるから武力行使をやめよというようなことに結着するとすれば、大問題である」（『金原節三業務日誌摘録』防衛省防衛研究所所蔵）と評していた。日米ともに、原則論に立ち返れば、双方の衝突は必至であった。

ハル・ノートの衝撃

ハル・ノートは、参謀本部のような開戦派から東郷のような交渉論者に至るまで、全ての日本の政策担当者を結束させた。戦争の場合は辞任すると心に決めていた東郷すら、職にとどまる決心をしたのである。

原則論に終始したハル・ノートの内容を知った参謀本部の中堅層は二七日、「之にて帝国の開戦決意は踏切り容易となれり芽出《めでた》度芽出度。之れ天佑とも云うべし。之に依り国民の腹も堅まるべし。国論も一致し易かるべし」と感想を記している（『機密戦争日誌』）。

つまり、ハル・ノートを歓迎したのは、陸軍を中心とする開戦論者たちであった。東郷のシナリオ通りにアメリカが妥協の姿勢をみせたら、日本に深刻な分裂をもたらしたであろう。アメリカが譲歩を小出しにしてくれれば、日本は戦争に踏み切れず、戦機は失われる。そうなれば、アメリカは全く血を流さずして目的を達成できたに違いない。それこそ統帥部が最もおそれたシナリオであった。アメリカは、そのような老獪さよりも、原理原則を守ることを選んだ。大国であるが故の自信に基づいた判断であった。

参謀本部中堅層の「天佑」という言葉に象徴されるように、日本にとってハル・ノートは、アメリカにとっての真珠湾攻撃に匹敵する作用をもたらしたのである。

最後の開戦阻止活動

政府部内の異論は、ハル・ノートによって完全に粉砕された。しかし、一歩距離を置いた立場から見れば、交渉がまとまらないから直ちにイギリスやアメリカとの戦争に踏み切るのは、どう考えても無謀だった。ハル・ノートを受け取った後も、開戦回避に動く者たちがいた。外務省顧問を勤めていた佐藤尚武《なおたけ》（林内閣の外相。開戦後は駐ソ大使として赴任）、「英米派」と目され野にあった吉田茂（戦後、首相として日米安保条約を締結）らは、しぶとく活動を続けていたのである。

東郷外相のもと外務省顧問をつとめていた佐藤は、「絶望組」に与することを肯《がえん》ぜずに、吉田を経由して吉田の義父である牧野伸顕《のぶあき》（元内大臣）の意見を聴取し、開戦を焦らぬよう東郷に建言を続けた（佐藤『回顧八十年』時事通信社　63年）。

吉田は、もっと大胆であった。彼は一一月中旬、重臣会議による開戦阻止計画を、各方面に働きかけていたのである。これは幣原の発案になるもので、政府が和戦の決定をする際、重臣会議に諮問させるという新たな関門を設定させようというものであった。

この構想は、仮に主戦論とそれに反対する皇室が対立しても、その顕在化を防ぐ効用も想定されていた。そして、御前会議に原嘉道枢密院議長と共に重臣の若槻礼次郎を加えれば、二人の巧みな弁説により主戦論を抑制できるという目論見であった。吉田は三井財閥の重鎮である池田成彬《しげあき》を経由して木戸幸一内大臣に進言を頼み、元外務官僚でワシントン・ロンドン両海軍軍縮条約締結に尽力した松平恒雄宮内大臣、そして海軍穏健派の小林躋造《せいぞう》（海兵26、一八九八年卒）前台湾総督らにも働きかけていた。

その直後、天皇は木戸に、開戦決意に関して重臣会議に諮問することを相談している。木戸は、単にタイム・リミットが来たから戦争するというのでは、国論統一の点で禍根を残す可能性がある。このため万全の手続きをとっておく必要があるとの考えだった。木戸は天皇に、東条に対して遠慮なく意向を伝えるよう進言した。

これをうけて、天皇は二六日、御前会議に重臣を列席させることを東条に提案したのである。吉田の構想は、実現するかに思えた。

しかし、東条は国家の重要問題に法的な「責任の無い者」を入れて審議することに反対した（『杉山メモ』）。天皇は、それでは自分の前で懇談させてはどうかと粘った。東条はなおも抵抗したが、その場では判断を留保し、翌二七日の連絡会議に提案することとした。連絡会議で天皇の案に賛成したのは、東郷外相だけだった。結局、二九日の午前に重臣を宮中に集めて政府側が説明し、その後に天皇と食事をしながら懇談するという段取りになったのである。

空振りに終わった重臣会議と高松宮の進言

一一月二九日九時半、重臣に対する説明が宮中で始められた。政府からは東条首相（兼陸相）、東郷外相、賀屋蔵相、嶋田海相、鈴木企画院総裁が出席、統帥部は招かれなかった。重臣側は、若槻、広田、近衛、平沼騏一郎《きいちろう》、岡田啓介、米内光政、林銑十郎、阿部信行ら総理大臣経験者に原枢密院議長という顔ぶれだった。

冒頭、一時間一〇分にわたり東条総理が、ついで五〇分間にわたって東郷外相が現状を説明した。質議は一一時半に始められた。正午に陪食を開始するとなると、残り時間は三〇分しかない。東条が、この会合をあくまでも形式的なものにとどめようとしていたことが窺える。しかも、政府統帥部は、事前に重臣たちに詳細なデータを渡していなかった。東条にとって重臣会議は、重臣たちの意見を聞いたふりさえ出来れば良かったのである。

しかし、陪食の開始予定時間を大幅に超過しても議論は終わらず、結局一時間半に及んだ。このときの重臣の意見については諸説あるが、『沢本日記』によれば、政府案を受け入れたのは陸軍出身の林、阿部の二人のみで、残りのメンバーは消極論だった。結局、陪食は一時からとなり、二時から宮中の御学問所に場を移し、一時間にわたって重臣の意見が天皇に開陳された。天皇が退出した後も、四時までの約一時間、重臣に対する政府の説明が続行されたのである。

賛成した二人以外は、天皇の前でも現状維持を主張した。最も強く開戦に反対したのは岡田と若槻であった。岡田は政府説明に対して「未だ納得するに至らず」と述べ、若槻は長期戦への懸念と「大東亜共栄圏」などの理想のために戦争に踏み切ることは「誠に危険であり〔中略〕御考へを願わなければならない」と明言した。米内も「ジリ貧を避けんとしてドカ貧にならない様」と長期戦に対する懸念を述べたが「充分の御注意を願いたい」と言うにとどまり、正面切っての反対は避けた（『木戸幸一日記　下』）。

問題は、この場の議論がどのような終わり方をしたかである。『杉山メモ』には、会議後に東条から杉山に説明された内容が口述されている。そこでは、現状維持論に対しては東条が各人に一々反駁説明し、天皇も納得したものと推察したと記録されている。重臣が身命を賭して頑強に抵抗しなかったことは確かである（『沢本日記』）。

政府は重臣への説明が終わるや否や連絡会議を四時から開き、開戦決意の御前会議開催の奏請を決定している。もし、天皇が危惧を抱くほど重臣が東条を論破したならば、このようにすんなりと連絡会議開催へと動ける筈はなかった。天皇の裁可も期待できなくなるからである。吉田の構想は寸前のところで、封じられてしまった。参謀本部の中堅幕僚は、この間の経緯を伝え聞き、次のように記している。

国家興亡の歴史を見るに国を興すものは青年、国を亡ぼすものは老年なり〔中略〕若槻、平沼連の老衰者に皇国永遠の生命を託する能はず（『機密戦争日誌』）

この後、わずか四年を経ずして、永遠の筈の皇国の生命を断ち切ることになる選択をしたのは、彼らの方であった。

政府は開戦決意に関する最後の難関を越えたかに見えた。しかし、御前会議の前日の一一月三〇日、意外なところから待ったがかかった。今度は天皇の弟である高松宮（宣仁《のぶひと》親王。海兵52、一九二四年卒）が、天皇に直訴したのである。この日の午前一〇時、皇族の軍人として軍令部作戦課に勤務していた高松宮が宮中を訪れ、天皇に海軍部内の状況を伝えた。

高松宮は、八月初旬に天皇に対して対米開戦論をぶったとして、その直後に噂となっていた。高松宮本人は、この件を原田熊雄（前年に亡くなった最後の元老西園寺公望《きんもち》の秘書）から注意されて、思い当たる節がないと驚いていた。今度は、可能ならば戦争を回避したい雰囲気が海軍内にあることを、率直に天皇に伝えたのである。不安に思った天皇は、木戸に相談した。

木戸は御前会議を開く前に海相の嶋田と軍令部総長の永野に確認することを勧めた。直ちに、二人が宮中に呼びつけられた。折しも東条首相が拝謁のため宮中を訪れていた。天皇が東条に尋ねたところ、東条は開戦やむなしという従来の所見を繰り返したが、天皇に対して、海軍の考えを確認することを進言したという。この時の問答は微妙である。沢本海軍次官の日記によれば、「天皇は海軍は作戦に自信なき由にあらずや」と尋ね、東条は「それは長期戦に対するものならざるべきか」と答えたが、天皇は納得しなかったとされている。つまり、天皇の質問は開戦当初の南方攻略作戦に関するものであった。そして東条の答えは、長期戦に自信が無いことを、天皇も承知していたことを示している。天皇も、開戦三年めからは不明という長期戦に対する東条の判断を受け容れていたのである。このことは、続く海軍トップとの問答で、さらに明確になる。

続いて参内した永野と嶋田は、天皇から「予定の通やるかね」と尋ねられ（『嶋田日記』）、戸惑った。天皇の真意を測りかねたからである。さらに「長期戦のみならず真近《ママ》の作戦にも不安なきや」と畳み掛けられたため（『沢本日記』）、二人はあわてて作戦に関する自信のほどを強調したのである。天皇はすぐに納得した。

実は、出版された『高松宮日記』(全八巻。中央公論社 95～97年)は、この二週間分がすっぽりと欠落している。このため高松宮の真意は不明だが、彼の進言は開戦後二年間は戦えるが三年めからは不明という海軍の建前論を崩すには至らなかったのである。

このように、戦争回避をめざす動きは、最終的には全て封じ込められた。いずれも、法的な制度の外からの反撃であった。これらを食い止めた東条らの措置は、「合法」性の観点からは正当なものである。

しかし、第一章でみたように、明治憲法体制は、法的制度外の勢力によって補完・運営されてきたシステムだったことを想起していただきたい。それらは、保守的ではあるが、ある意味「常識的」な判断を行なうことで、日本の舵取りをしてきた者たちであった。そのような勢力の影響力を排除した末に「合法」的に採択されたのは、こともあろうに国家そのものを失いかねない冒険的な政策だった。明治憲法体制における制度と運用を考える上で、きわめて象徴的である。

開戦決定　何のための戦いか

一二月一日、御前会議で「対米英蘭開戦ノ件」が決定された。質問者は天皇の代弁者である原枢密院議長のみであった。原は日米交渉に関して東郷に質問した後、作戦、タイとの関係、そして内地の防空について質した。そして所見として、開戦はやむを得ないが、なるべく早期に解決すること、そして国内の結束に関して留意するよう述べて、政府の注意を喚起した。

御前会議の間、そして終了後の杉山参謀総長の上奏の際も、天皇は上機嫌であった（『杉山メモ』）。指導者層の完全な「一致」が、表現されたのである。この決定をもって、陸海軍の作戦実施命令が発令された。それは、大日本帝国の破滅への第一歩でもあった。

この戦争は、いったい何のための戦争だったのだろうか。即物的な観点からすれば、石油のためであった。もちろん、日本が入手の保障をアメリカに求めようとしていた資源は石油だけではないが、先述のように東郷外相は石油以外については、最後まで正式決定しなかった。結果的に、石油のための戦争となったのである。

乙案や暫定協定案がまとまらなかったので、捕らぬ狸の皮算用になってしまったが、外務省では各種戦略物資の要求量が検討されていた。正式決定ではないので参考にしかならないが、そこで挙げられた数字を見ると、改めて愕然とせざるを得ない。蘭印への要求量は、日蘭会商の前の一九四〇年六月にオランダ政府が対日輸出を確約した数量と、ほとんど変わるところはなかったのである。

なぜ、一年半後のこの段階で、今さら要求せねばならなかったのだろうか。蘭印がいったん確約した輸出を日蘭会商で渋り出した最大の原因は、三国同盟であった。要するに、松岡の「革新」外交の所産である。

それでは、対米要求量はどうだろうか。これも、一九三九、四〇年実績を大きく上回るものでもない。七月末に南部仏印進駐が実施されたのは、輸出を渋る蘭印に対する圧力という要素もあった。その結果が、米英蘭の対日全面禁輸であった。

つまり、英米による既存の国際秩序を日独伊の提携によって打破しようとする「革新」外交、そしてタイと仏印を勢力圏として確保しようという「小南方」構想（蘭印やシンガポールを攻略する「大南方」構想は米英との対立を不可避とするため、大事とならない範囲でタイと仏印の掌握をめざした。その一歩が南部仏印進駐だった）を実行した末の、日本の最低限の要求は、言葉を換えれば「現状維持」に過ぎなかったのである。「革新派」によって政治権力から牧野や吉田のような「英米派」「現状維持派」が攻撃・排除されてしまった日本が行き着いたのは、現状維持すら覚束なくなった窒息寸前の状況だった。

中国からの撤兵に陸軍が反対したのは何故か。膨大な人的・物的資源を投入した挙げ句、手ぶらで兵を引くわけにはいかないという論理に拘束されていたためである。そして、陸軍の駐兵に対する態度に象徴されるように、日本は、自らの政策が破綻したツケを、自らが傷付いてまで支払う責任感に欠けていた。

最低限度の現状維持すら確保できなくなった日本は、それまでの「成果」を無にしないため、英米の世界秩序に挑戦する、さらなる「革新」へと突き進むことを選んでしまったのである。

おわりに

日本が開戦に向かう政治過程をつぶさに検証して行くと、これでよく開戦の意思決定ができたものだと、逆の意味で感心せざるを得ない。その道程は決して必然的ではなく、どこかで一つ何かのタイミングがずれたら、開戦の意思決定は不可能だっただろう。

第五章でみたように、戦争・外交という二つの選択肢が「国策再検討」の末に採択されたのは、この選択肢が相手の出方次第という不確定要素に依拠していたからでもあった。アメリカの強硬な態度が明確に示されたことで、日本に残された選択肢は、欧州情勢の好転とアメリカの戦意喪失という希望的観測に期待をかけた対米英蘭開戦しかなかったのである。その結果は、日本の期待とは完全に反対となった。日本の奇襲攻撃に怒ったアメリカ国民は、戦意を喪失するどころか結束して戦争完遂へと立ち上がった。ドイツも米ソを中心とする連合軍に東西から挟撃され、壊滅したのである。ともに、当事者の想定外の展開であった。

これらの政策決定に関与した日本の指導者たちが、真剣に国家の将来を憂えたことは疑い得ない。しかし、外交交渉に対する当事者の希望的観測が、要所要所で戦争に踏み出して行く結果につながったのも、皮肉な事実である。日米巨頭会談に対する甘い期待は、陸軍内を硬化させて対米条件を厳しいものとしたうえ、戦争への備えに歯止めを打ちそこなった。外交交渉成立に期待するあまり、交渉の前途に希望を抱かせる情報を過大視した可能性が高い。つまり、戦争、外交ともに悲観すべきところを楽観していた。換言すれば、日本の指導者たちは、不都合な未来像を直視することを避けたのである。

後世の目から冷静に評価すれば、戦争に向かう選択は、他の選択肢に比較して目先のストレスが少ない道でもあった。海相の任命、被害船舶の算定、海軍の開戦決意、「聖断」構想、天皇の作為、いずれもが、もし真剣に実行しようとしたら、それまでの組織のあり方や周囲との深刻な軋轢が予想された。実は、回避されたのはそのような種々の係争が予想される選択肢だったのである。つまり、内的なリスク回避を追求した積み重ねが、開戦という最もリスクが大きい選択であった。にもかかわらず、当事者にとっては、開戦は三年めの見通しがつかない曖昧な選択肢だった。要するに、目の前の軋轢を回避し、選択の結果についても判断を避けることが可能になる。開戦決定は、一見、非（避）決定から踏み出した決定に思えるが、非（避）決定の構造の枠内に留まっていたのである。

全く逆の発想もある。それは、何もしないという選択、意図的な非（避）決定の貫徹、つまり臥薪嘗胆である。しかし、これは受苦の連続となることは必定だった。確実に国力が低下して行くなかで、状況の好転をひたすら待ち続ける。小役人的に目先のリスクを回避するのに汲々としていた当時の指導者層に、あえて「ジリ貧」を選ぶというような、そんな肝が据わった行動が期待できただろうか。要するに、今後どれだけ続くかわからない緊張感に、彼らは堪えられなかったのである。このことを象徴しているのが、対米強硬論者だった海軍中堅層の小野田捨次郎による戦後の言葉である。彼は敗戦の後も対米開戦の正当性を主張してやまなかったものの、開戦を「短慮で臆病な男が、あわてて刀を抜いて、相手に切りかかっていった」と表現している（『げすのあと思案』私家版 74年）。そして、政策担当者の一応の合意は開戦についてのみ成立したが、その後も日本の政策は迷走を続け、それは敗戦まで止むことはなかったのである。

敗戦によって陸軍という最大の抵抗勢力が政治の場から排除され、新憲法では内閣の権限が大幅に強化された。長年のシビリアン・コントロール（文民統制）の徹底によって、日本が戦前のような状況に回帰するのを想像することは難しい。

それでは、当時の意思決定システムの問題点は、既に昔話になってしまったと考えていいのだろうか。陸海軍は解体されたが、官僚制は生き残り、戦後は一貫して増大し続けた。自民党の一党支配が続いているうちは、政官財の三位一体とも表現される日本型システム（55年体制）が機能していた。自民党の一党支配の終焉は、政治の側の衰退、裏返せば官僚の力の増大を結果したように思える。戦前に比較して内閣の権限が強大な日本国憲法の元でも、政治主導の困難さが叫ばれている昨今である。戦前の脆弱な政治システムにおいて、日本の政策担当者がどのように時局に立ち向かったのか。このことを検証するのは、けっして無駄な作業ではないだろう。

あとがき

日米開戦の研究を始めて、既に三〇年近くが経過した。時の流れの早さに驚くばかりである。当初、自分の研究は、海軍と開戦過程を対象としていた。戦争を回避しようとした筈の組織が、なぜ開戦に同意したのか。当時の大学生には、このような問題の立て方が精一杯だった。しかし、よくよく考えてみれば、海軍が戦争に踏み切らなければ、日米戦争は起こりようがないのである。最初は「海軍善玉論」的なイメージで漠然と考えていた自分だったが、現実に海軍が採った行動を検討して行くに従い、そのイメージを修正せざるを得なくなった。

さらに、研究を進めて行くに従い、当時の日本の政策決定過程をどのように理解するか、という難題にも直面した。開戦に至るまで、内閣崩壊に再組閣、「国策再検討」と、何故に、かくも複雑な政治過程が発生したのだろうか。この問題について、最初に理論的な枠組を提示した「「非決定」の構図」(『軍事史学』106・107合併号《第二次世界大戦(二)—真珠湾前後—》、91年)は、幸いにも軍事史学会の阿南・高橋奨励賞をいただくことができた(のち、拙著『日米開戦の政治過程』(吉川弘文館　98年)に改訂のうえ収録)。これは、大本営政府連絡懇談会(連絡会議）における「国策」策定という当該期の意思決定の「制度」を対象に、開戦過程に対して筆者なりの説明を試みたものである。しかし、「非決定」というネーミングのインパクトが強かったためか、「非決定」なのに開戦を決定したではないか、という批判も受けた。今にして思えば、「避決定」とした方が実態に近かったかもしれないと反省している。このため、本文中では「非（避）決定」としている。煩瑣ではあるが、諒とされたい。

前著では、官僚の組織的利害《セクショナル・インタレスト》という要素を強調した結果、どうしても人的な要素が後景にしりぞいてしまったきらいがあった。勿論、歴史の重大局面において、全ての人間が常に組織的利害や当時の空気に棹さしていたわけではない。そして、日米戦争回避のために動いた人物たちが展開した「紙の上でのバトル」は驚異的ですらある。本書の後半では、つとめて人物を中心に据えることを試みたが、筆者の能力の限界から、その僅かな部分に光をあてたに過ぎない。残念ではあるが、読者の方々に、当時の複雑かつ困難な状況と、彼らの粘り腰を感じていただければ、目的の多くは達成できたと思っている。

「非決定」という議論を始めて意外だったのは、歴史としてではなく、身近なストーリーとして読まれた様々な方々から、共感の声が寄せられたことである。組織の意思決定の現場では、現在でも同じような状況が展開されているらしい。そのような観点から本書を繙いていただけないか、というのも、もう一つの執筆目的であった。

研究を始めた当時は、幾人かの関係者の方々は存命中だった。歴史の当事者から話を聞くことができたのは、自分が最後の世代になるのかもしれない。自分が研究の道に進めたのも、御遺族も含め様々な関係者の方々の御助力あってのことである。この場を借りて御礼申し上げたい。

研究の過程で多くの研究者やアーキビストの方々から貴重な御助言をいただいた。ここでお名前をあげることはしないが、感謝の念でいっぱいである。新潮社の庄司一郎氏には、長期間にわたった編集作業に粘り強くおつきあいいただいた。研究と一般書の狭間で苦闘する日々が続いたが、氏からの適切な助言のおかげで、ようやく一書とすることができた。また、インテリジェンス研究の第一人者の小谷賢氏には、庄司氏を紹介していただいた。改めて御礼を申し上げたい。

本書は当初、日本外交のみならず、英米の外交、そしてインテリジェンスも対象として構想された。一般書としての編集の過程で多くの要素を割愛せざるを得なかったが、また機会があれば何処かで展開したいと思っている。

本書を、最後の将校生徒として振武台に学んだ亡父隆、三菱重工業長崎造船所の技師として敗戦を迎えることなく生涯を終えた祖父茂、そして二〇〇九年三月に九州大学を退職された恩師有馬學先生に捧げる。

二〇一二年五月

森山優

付記　本書は、二〇〇五～六年度科学研究費補助金（基盤研究(C)）「日米開戦と情報戦　政策決定システムとの関係を中心に」および二〇〇九～一一年度科学研究費補助金（基盤研究(B)）「第二次世界大戦と日本の情報戦」による成果の一部である。

〈関係年表〉（28年＝1928年）

28年6月4日　張作霖爆殺事件
29年7月2日　田中義一内閣総辞職
30年4月22日　ロンドン海軍軍縮条約調印　統帥権干犯問題
31年9月18日　満州事変勃発
　10月17日　陸軍急進派のクーデター計画が摘発される（十月事件）
32年1月7日　アメリカ、スチムソン・ドクトリンを宣言
　3月1日　満州国建国宣言
33年5月31日　塘沽停戦協定（日中「冷戦」）
　10月1日　軍令部の権限強化（海軍省軍令部業務互渉規程の制定）
36年2月26日　二・二六事件
　5月18日　軍部大臣現役武官制復活
　6月4日　第一次近衛内閣組閣
37年7月7日　盧溝橋事件、日中全面戦争突入へ
38年1月16日　第一次近衛声明（「国民政府を対手とせず」）、トラウトマン工作打切り
　12月22日　第三次近衛声明（近衛三原則による日中和平めざす）
39年8月23日　独ソ不可侵条約締結
　9月1日　ドイツ軍、ポーランドに侵攻
　3日　英仏、ドイツに宣戦布告。第二次世界大戦始まる
　4日　日本政府、欧州戦争への不介入を声明

40年5月　ヨーロッパ戦線で英仏軍総崩れ
6月10日　イタリア、英仏に宣戦布告
22日　フランス（ペタン政権）降伏
7月16日　畑陸相、米内首相に辞表提出。米内内閣総辞職
22日　第二次近衛内閣組閣（松岡洋右外相）
9月27日　日独伊三国同盟締結
10月12日　大政翼賛会発足
11月15日　海軍省軍務局の改組（兵備局の新設）
41年4月13日　日ソ中立条約調印
17日　「日米諒解案」野村吉三郎駐米大使より来電
6月21日　ハル国務長官、野村大使に米案を手交
22日　ドイツ、ソ連に侵攻
7月2日　御前会議「情勢ノ推移ニ伴フ帝国国策要綱」決定（南北準備陣）
7日　陸軍、関特演（北方＝対ソ戦のための動員）を発動
18日　第三次近衛内閣組閣（豊田貞次郎外相）
23日　南部仏印進駐発令
25日　アメリカ、在米日本資産凍結を決定、翌日公布
26日　イギリス、在英日本資産凍結と、日英・日印・日緬通商条約等の廃棄を通告（失効は一年後）
27日　蘭印、日本資産凍結令布告
30日　永野軍令部総長、天皇に開戦論を奏上

8月1日　アメリカ、石油輸出制限を発表（発動機燃料、航空機用潤滑油）
3日　海軍第一委員会、岡軍務局長に万一の場合の対米開戦を上申。岡が拒否したため「帝国国策遂行方針」を起案
4日　近衛首相、日米巨頭会談構想を提案
9日　参謀本部、年内の北方武力行使を放棄
14日　英米共同宣言発表
15日　海軍、出師準備第二着作業（特設艦船部隊の整備）に着手
16日　米の禁輸が石油全般にも及ぶことが明らかになる（ロス入港中の日本船に対する給油拒否）
同日　海軍、「帝国国策遂行方針」を陸軍側に提示
17日　ローズヴェルト大統領、対日警告を発する
18日　及川海相、人造石油400万トン生産計画立案を下僚に下命
22日　参謀本部、対米開戦決意を「国策」に明記することを決定
26日　海軍「遂行方針」改定案（援蔣補給路遮断作戦を中心。対米英戦準備を抹消）を提示
27日　陸海軍局部長会議、物別れ
30日　「帝国国策遂行要領」陸海軍案決定
9月3日　連絡会議「帝国国策遂行要領」修正決定（外交交渉成立の「目途」という一句を挿入）。外務省提案の「日米交渉ニ関スル件」も決定
5日　天皇、陸海統帥部長を叱責
6日　御前会議「帝国国策遂行要領」決定。天皇、明治天皇の御製を読み、統帥部の意見を糺す

9月13日　連絡会議「日支和平基礎条件」と野村大使への「返電案」を決定
20日　連絡会議「日米了解案」を決定
25日　連絡会議で外務省が「日米了解案」と「日支和平基礎条件」をアメリカに提示していないことが発覚。直ちに打電される
30日　豊田外相、陸海軍務局長と協議し、さらなる譲歩を示唆する電報を野村大使に打電
10月1日　参謀本部の猛反対により、上記電報を取り消す
2日　アメリカ、日本提案に対し回答（実質的拒否）。電報到着は3日
16日　第三次近衛内閣総辞職
17日　重臣会議で東条への大命降下を決定。「国策」白紙還元の優諚が下される
18日　東条内閣成立
21日　参謀本部、即時開戦決意でまとまる
23日　「国策」再検討開始
27日　伏見宮、嶋田海相に即時開戦の圧力をかける
30日　「国策」再検討ほぼ終了。対米交渉「甲案」決定
同日　嶋田海相、対米開戦を決意
11月1日　連絡会議（〜翌2日午前1時過ぎ）「帝国国策遂行要領」と対米交渉「乙案」を決定
2日　賀屋蔵相、東郷外相、前日の決定を承認する旨、東条に伝える
3日　陸海統帥部長、天皇に作戦計画を上奏
4日　外務省、甲案、乙案を打電
5日　御前会議「帝国国策遂行要領」を決定。来栖大使ワシントンへ向かう
同日　外務省、交渉期限を11月25日までとする電報を野村に打電

11月7日　ハル国務長官、閣議で戦争が迫っていることを説明
同日　野村、甲案をハルに提示。ハル、日中和平の橋渡しを示唆
12日　ハル、アメリカの原則を示すオーラル・ステートメントを野村に手交
13日　外務省、乙案修正を訓令（撤退する軍隊を仏印に派遣されている部隊と明確化）
14日　外務省、乙案修正を訓令（備考を条文に格上げ他）
15日　ハル、甲案を拒否し、三国同盟の死文化を要求
同日　来栖、ワシントン到着
18日　野村、私案（南部仏印撤兵と資産凍結解除のバーター案）をハルに提示
20日　外務省、乙案の修正と交渉開始を訓令
21日　来栖、ハルに三国同盟に関する譲歩案を独断で提示
22日　ハル、乙案と暫定協定案を英豪蘭中の大・公使に提示
24日　ハル、修正した暫定協定案を英豪蘭中の大・公使に提示
25日　ニューヨーク・ヘラルド・トリビューン、暫定協定案をスッパ抜く
同日　ハル、スチムソン陸軍長官とノックス海軍長官に暫定協定案を説明
同日　スチムソン、ハルに日本の大船団南下の情報を伝える
26日　ハル、スチムソンに暫定協定案の放棄を告げる
同日　ハル、野村にハル・ノートを提示
27日　アメリカ海軍作戦部長、「戦争警告」を太平洋艦隊・アジア艦隊司令長官へ発す
同日　スチムソン、太平洋方面の陸軍指揮官へ警告電報を発す
29日　宮中にて重臣会議。終了後ただちに連絡会議で御前会議奏請を決定
30日　高松宮、天皇に直訴。永野、嶋田、参内して天皇に奉答

12月1日　御前会議で開戦を決定
8日　英・米・カナダ・オーストラリアに対して宣戦布告
45年8月10日　天皇、ポツダム宣言受諾を決定（いわゆる「聖断」）
48年11月12日　極東国際軍事裁判（東京裁判）判決

新潮選書

日本《にほん》はなぜ開戦《かいせん》に踏《ふ》み切《き》ったか
——「両論併記《りょうろんへいき》」と「非決定《ひけってい》」

著　者………………森山《もりやま》　優《あつし》

発　行………………2012年6月20日
7　刷………………2015年5月15日

発行者………………佐藤隆信
発行所………………株式会社新潮社
〒162-8711 東京都新宿区矢来町71
電話　編集部03-3266-5411
読者係03-3266-5111
http://www.shinchosha.co.jp
印刷所………………錦明印刷株式会社
製本所………………株式会社大進堂

ISBN978-4-10-603710-8 C0331